PMF 프레임워크

新規事業を成功させる PMF（プロダクトマーケットフィット）の教科書
(Shinkijigyo wo Seiko Saseru PMF(Product Market Fit) no Kyokasho: 7591-1)
ⓒ 2022 Kota Kurihara

Original Japanese edition published by SHOEISHA Co.,Ltd.
Korean translation rights arranged with SHOEISHA Co.,Ltd.
in care of Tuttle-Mori Agency, Inc. through Imprima Korea Agency.
Korean translation copyright ⓒ 2024 by Purun Communication

이 책의 한국어판 출판권은 Tuttle-Mori Agency, Inc., Tokyo와 Imprima Korea Agency를 통한 SHOEISHA Co., Ltd.와의 독점계약으로 푸른커뮤니케이션에 있습니다.
저작권법에 의해 한국 내에서 보호를 받는 저작물이므로 무단전재와 무단복제를 금합니다.

PMF
Product arket it

프레임워크

가장 빠르게 시장을 지배하는 　 스타트업의 성공방정식

구리하라 고타 지음
이은혜 옮김
김형택 감수

e 비즈북스

목차

들어가며 PMF가 세상을 구한다 __8

Chapter 1
PMF란 무엇인가?

PMF의 정의 __11

PMF를 달성한 상태란? __14

Chapter 2
신사업이 PMF에 도달하지 못하고 실패하는 이유

왜 신사업이 실패하는가 __21

고객 니즈를 검증하지 않은 채로 상품을 출시한다 __24

PMF 달성과 관련 없는 일에 시간을 허비한다 __27

상품 출시 전에 사내 회의만 거듭한다 __28

PMF를 찾지 못한 상태에서 영업과 마케팅에 투자한다 __31

빈껍데기 PMF에 속는다 __34

섣불리 조직 인원을 늘린다 __36

의사결정이나 전략의 성공 확률에 집착한다 __37

허영 지표만 쫓는다 __39

시장 규모를 확인하지 않고 뛰어든다 __40

경쟁전략 없이 시장에 뛰어든다 __41

'해보지 않으면 모른다'는 경직된 생각으로 사업을 추진한다 __43

지나치게 작은 규모로 시작한다 __44

Chapter 3
PMF를 달성하는 여정

Fit Journey의 6단계 __47
CPF(Customer Problem Fit, 고객-문제 적합성) __50
PSF(Problem Solution Fit, 문제-솔루션 적합성) __53
SPF(Solution Product Fit, 솔루션-제품 적합성) __54
PMF(Product Market Fit, 제품-시장 적합성) __55
GTM(Go To Market, 시장 진출) __57
Growth(성장) __62

Chapter 4
PMF 달성의 핵심! 가치 제안

명확한 가치를 제안하라 __63
가치 제안에서 빠지기 쉬운 함정 __67
확실한 가치를 제안하려면 __71

Chapter 5
PMF 달성을 위한 조직

창업자의 자격 __75
신사업의 성공을 좌우하는 '해상도' __77
해상도를 높이는 16가지 방법 __81

Chapter 6
PMF 측정법

PMF 달성 정도를 측정하는 4가지 지표 __99

허영 지표 __100

후행 지표 __101

선행 지표 __103

정성적 지표 __105

PMF 측정 시 유의 사항 __106

Chapter 7
더 높은 PMF 달성을 위하여

PMF는 일회성 이벤트가 아니다 __110

PMF 달성 후에 지향해야 할 4가지 성장 방향 __111

기존 세그먼트에서 고객 확대에 주력한다 __113

기존 세그먼트에서 업셀링을 한다 __116

새로운 세그먼트로 영역을 넓힌다 __117

크로스셀링 상품을 개발한다 __121

더 높은 PMF 달성을 위하여 __121

Chapter 8
PMF를 부르는 트리거

PMF 트리거란? __123

공통점은 고객에 대한 이해 __125

철저한 시장 조사 __126

위탁 개발·컨설팅 서비스 제공 __127

콘셉트 개발 __127

목표 고객층 변경 __128

결정적 요소 발견 __129

시장 변화에 대한 대응 __130

Chapter 9
우리는 이렇게 PMF를 달성했다 — 14개 기업의 사업 성장 노하우

고객 만족도 향상을 최우선으로 생각한 '플럭스' __133

독창적인 콘셉트를 신조어로 만든 '허프' __142

끊임없이 현장을 관찰하고 고객 의견에 귀 기울인 '코드몬' __152

시장 변화에 대응해서 2차 PMF를 달성한 '타이미' __160

파워포인트 1장으로 팔 수 있는 강렬한 콘셉트를 찾은 '도키움' __169

목표 고객층을 특정하고 요금 체계를 변경한 '코뮨' __177

고객의 관점을 우선으로 생각한 '사이카' __186

계약 건수보다 고객 만족도를 우선한 '플레이드' __194

단계적으로 PMF를 달성한 '와큘' __202

성실한 자세로 영업에 최선을 다한 '포토신스' __212

누구에게 무엇을 팔지 철저하게 분석한 '노바셀' __220

핵심 가치를 정의하고 집중해서 성공을 거머쥔 '폰데스크' __228

매월 체결한 수십 건의 계약이 몽땅 해지 요청으로 돌아왔던 '베이직' __237

해상도가 높은 영역에서 사업을 시작한 '사이루' __246

들어가며
PMF가 세상을 구한다

이 책에서 다루는 'PMF'는 'Product Market Fit 제품·시장 적합성'의 줄임 말로, '고객이 만족할 만한 상품을 적합한 시장에 제공하는 것'을 의미한다. 자세한 설명은 1장에서 하기로 하고, 먼저 내가 PMF를 중요하게 생각하게 된 계기부터 밝히고자 한다.

   나의 첫 사회 경험은 대학교 1학년 때 한 IT 기업에서 했던 영업직 인턴이었다. 도쿄대학에 합격하고 나름 자신감에 차서 의기양양하게 시작한 장기 인턴이었지만, 현실은 그리 만만하지 않았다. 처음 몇 년간은 스스로도 어이가 없을 만큼 실적이 형편없는, 한마디로 '회삿돈만 축내는 사원'이었다.

   학교도 거의 나가지 않고 아침부터 밤까지, 주말에도 영업에 매달렸지만, 하나도 팔지 못했다. 다른 부서에서 활약하는 인턴들을 보면서 나의 부족한 능력, 형편없는 영업 실력에 절망할 수밖에 없었다.

   영업력을 키워보려고 갖은 노력도 해봤다. 하지만 지금 생각해보면, 당시 내가 판매했던 상품은 애당초 PMF를 찾지 못한 상태였다. 나뿐만이 아니라 선배 영업사원도 마찬가지였고, 사업 책임자인 상사나 당시 담당 임원이 영업에 나서도 팔지 못했다.

지금이라면 영업력을 키우기 전에 상품 자체의 PMF를 찾았는지부터 따졌을 것이다. 하지만 그때는 PMF라는 용어 자체를 몰랐고, 나를 비롯한 모든 팀원이 다음과 같은 활동에만 많은 시간을 들였다.

- 전화로 미팅 약속 잡기
- 영업 롤플레잉
- 제안서 개선
- 홈페이지 개선
- 인터넷 광고 노출 및 재검토
- 박람회 참가

인턴을 시작하고 4년 정도는 내가 회삿돈만 축내는 쓸모없는 사원이라는 사실에 매년 연말만 되면 자괴감에 빠졌다.

'올해도 팔지 못했구나. 내년에도 똑같겠지. 이래서야 출근하는 의미가 있을까?'라는 생각에 싸여 연말연시를 보내곤 했다.

당시 PMF라는 개념을 알았다면, 잠재고객에게 전화를 돌리거나 롤플레잉 훈련을 하거나 홈페이지를 고칠 시간에, 제공하는 상품이나 뛰어든 시장을 다시 한번 살펴보았을 것이다. 그랬다면 4년이라는 긴 암흑기를 거치지 않고, 2년 차 때부터는 차근차근 실적을 쌓아가며 영업사원으로서 보람찬 시간을 보내지 않았을까?

나는 그 후 다니던 회사를 그만두고, 컨설팅 회사를 창업했다. 그리고 지금은 PMF를 달성한 컨설팅 서비스를 고객에게 제공하며 알찬 하루하루를 보내고 있다. 이제는 예전처럼 우선순위가 낮은 일에 시간을 쏟지 않고, 누구나 상품을 팔 수 있도록 만들 수 있다.

그때를 돌이켜보면 이런 생각이 든다. PMF 개념이 널리 알려지면 당시의 나 같은 현장 담당자나 사업 책임자, 창업자에게 도움이 되지 않을까?

이미 PMF 개념이 자리 잡은 스타트업 업계에서는 상품이 팔리지 않는 이유를 영업사원이나 마케팅 담당자가 아니라, 상품 자체의 문제에서 찾으려는 사람이 많다. 하지만 그런 인식이 부족한 대기업이나 중견기업, 중소기업에는 신사업에서 성과가 나오지 않아 고민하는 사람이 여전히 많다.

'PMF가 세상을 구한다'라고 하면 지나친 과장일지도 모르지만, PMF 개념이 자리 잡으면 신사업을 추진하는 사람들이 올바른 방향으로 적절한 노력을 쏟을 수 있다고 생각한다. 나는 이런 생각에서 이 책을 썼다.

이 책은 PMF에 관한 기초 지식부터, 신사업이 PMF에 도달하지 못하게 만드는 함정, PMF를 달성하기 위한 방법론, 그리고 신사업에서 PMF를 달성한 14개 회사의 실제 사례까지 담았다.

창업을 준비 중이거나 신사업 성공을 꿈꾸는 독자에게 조금이라도 도움이 될 수 있다면, 저자로서 그보다 더한 기쁨은 없을 것이다.

주식회사 사이루의 대표이사 겸 사장
구리하라 고타

1장
PMF란 무엇인가?

이 책에서 다루는 PMF는 스타트업뿐만 아니라 대기업에서도 신사업을 시작할 때 주목하기 시작한 개념이다. 1장에서는 PMF란 무엇인지, 어떻게 탄생한 개념이고 어떤 상태를 의미하는지 살펴보자.

PMF의 정의

PMF, 즉 Product Market Fit 제품-시장 적합성 개념은 세계적인 벤처 캐피털 회사 앤드리슨 호로위츠 Andreessen Horowitz의 창업자 마크 앤드리슨이 자신의 블로그에 올린 〈가장 중요한 단 하나 The only thing that matters〉라는 글을 통해 처음 알려졌다.

투자를 위해 다양한 기업을 검토해온 앤드리슨은 기업의 성패를 좌우하는 요소 중 하나로 PMF를 꼽았다.

앤드리스는 자신의 블로그에 올린 글을 통해 이런 생각을 밝혔다.

> 핵심은 Product Market Fit 달성에 있다. PMF란 시장을 만족시킬 만한 상품을 가지고 적합한 시장에 뛰어든 상태를 의미한다.
> _〈가장 중요한 단 하나〉(https://pmarchive.com/guide_to_startups_part4.html)

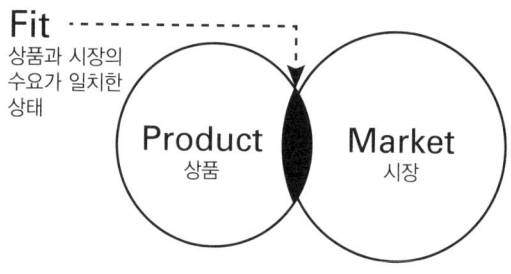

[그림 1-1] PMF의 개념도

다시 말해 그는 PMF를 **고객의 니즈**needs**를 충족시킬 수 있는 상품을 가지고 적합한 시장, 즉 잠재고객이 많은 시장에 침투한 상태**라고 정의했다([그림 1-1]).

앤드리슨은 PMF에 도달하면 이러한 조짐이 나타난다고 설명한다.

> 당신이 제품을 만드는 족족 물건이 팔려나가고, 서버를 늘리는 만큼 이용자가 늘어난다. 고객의 돈이 당신 회사 계좌에 쌓여가고, 급하게 영업사원과 고객 서비스 담당자를 더 채용해야 하는 상황에 몰린다. 이처럼 쏟아지는 고객 요청에 미처 다 대응하지 못하는 상황이 벌어진다면, 당신은 PMF에 도달한 것이다. 이때는 대부분 현재 상태를 유지하며 사업을 운영하기에도 벅차서, 제품에 새

로운 변화를 줄 여력조차 없다.

_〈가장 중요한 단 하나〉

또한 핀테크 기업 스퀘어Square에 인수된 웹사이트 제작 플랫폼 업체 위블리Weebly의 창업자 데이비드 루센코는 PMF에 관해 이렇게 말했다.

> PMF를 달성하기 전이 큰 바위를 밀며 산을 오르는 상황이라면, PMF를 달성한 후는 산 정상을 넘어 아래로 굴러 내려가는 바위를 뒤쫓아가는 상황이다.
>
> _〈데이비드 루센코 — 제품-시장 적합성을 찾는 법David Rusenko — How To Find Product Market Fit〉(https://www.youtube.com/watch?v=0LNQxT9LvM0)

개인적으로는 데이비드 루센코의 설명이 핵심을 정확히 짚었다고 생각한다. 그림으로 표현하면 [그림 1-2]와 같다.

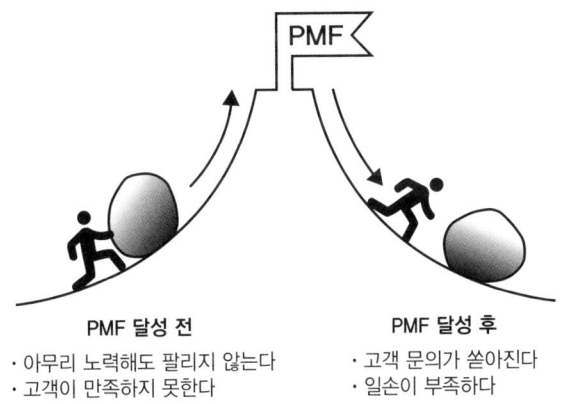

[그림 1-2] PMF 달성 전후의 상황 변화

PMF에 도달한 상품은 날개 돋친 듯이 팔려나간다. 고객들은 계속 그 상품을 사용하고, 입소문을 퍼트려 또 다른 고객을 불러들인다.

반면 PMF에 도달하지 못한 상품은 아무리 광고를 많이 해도 반응이 시원치 않고, 영업사원들이 열심히 발품을 팔아도 발주가 들어오지 않는다. 심지어 상품을 사용한 고객의 만족도도 낮다.

PMF를 달성한 상태란?

PMF를 달성하면 벌어지는 일

개념 설명만으로는 이해하기 어려울 수 있으니, 실제 PMF 도달에 성공한 사업의 사례를 살펴보자.

대표적인 기업으로 그룹웨어 '사이보즈 오피스Cybozu Office' 시리즈를 제공하는 업체 사이보즈Cybozu가 있다. 코럴 캐피털Coral Capital의 니시무라 겐은 사이보즈의 초기 투자자인 인큐베이트 펀드Incubate Fund의 대표 파트너 아카우라 도루에 관한 취재 기사에서 이렇게 말했다.

> 초창기에 사이보즈에서 일했던 직원에게 들었는데, 당시 전국에서 유료 라이선스 사용 신청이 끊이지 않았다고 합니다. 팩스가 쉴 새 없이 돌아가는 바람에 팩스 용지가 바닥에 쌓여 있을 정도였다고 하더군요.

_〈벤처 캐피털VC이 일본의 잃어버린 30년을 바꾼다. 선구자 아카우라가 말하는 독립형 VC의 역사와 미래(전편)日本の失われた30年を変えるのはVC ― 、先駆者・赤浦氏が語る独立系VCの歴史と未来(前編)〉(https://coralcap.co/2020/11/interview-with-toru-akaura)

클라우드 기반 인사관리 솔루션 개발 기업 스마트HR SmartHR의 사례도 있다. 스마트HR은 기업 가치가 1,700억 엔에 달한다고 평가받고, 서비스형 소프트웨어 SaaS 기업의 실질적 매출에 해당하는 ARR Annual Recurring Revenue, 연간 반복 수익 45억 엔(2021년 6월 기준)을 달성하며 급성장한 스타트업이다. 창업자 미야타 쇼지는 스마트HR의 성장에 관한 인터뷰에서 시장 반응이 얼마나 뜨거웠는지 언급한 적이 있다.

> 페이스북을 통해 기업의 인사 노무 담당자를 대상으로 사전 등록 광고를 했습니다. 예산은 2만 엔이었죠. 아직 시제품조차 없는 상황이었는데, 광고를 내린 후에도 입소문이 나서 가입자가 계속 늘었습니다. 1달 만에 200명 정도가 가입했어요.
>
> _〈현장의 목소리, B2B 시장의 최전선 — 사람들이 원하는 것을 만들어라 — 주식회사 스마트HR의 미야타 사장의 시점 現場が語る、BtoBマーケの最前線〜人が欲しいと思うものを、まずつくる〜株式会社SmartHR宮田社長の視点〉(https://ferret-plus.com/14821)

또한 정리 컨설턴트로 유명한 곤도 마리에도 PMF를 달성했다. 일명 '곤마리 씨'라고 불리는 곤도 마리에의 남편이자 사업 파트너 가와하라 다쿠미는 한 대담에서, 곤마리 씨의 컨설팅에 대한 고객 니즈가 어느 정도였는지 말한 적이 있다.

> 친분이 없는 사람들까지 "돈을 낼 테니 컨설팅을 받고 싶다"고 요청하는 일이 많아져서, 아내는 19살부터 '정리 컨설턴트' 일을 시작했습니다. (…) 취업을 한 후에도 요청이 끊이지 않아서, 2년 후에는 독립해서 회사를 차렸죠. 순식간에 6개월 뒤까지 컨설팅 예

약이 꽉 찼다고 하더군요.

_ 〈오하라 가즈히로×가와하라 다쿠미 'DX 다음은 EX의 시대가 온다!' 尾原和啓×川原卓
巳「DXの次はEXの時代が来る!」(https://diamond.jp/articles/_/277889)

PMF 달성을 알려주는 신호

보통 **PMF**를 달성하면 확실하게 알 수 있기 때문에, 달성했는지 아닌지 애매모호하다면 아직 PMF를 달성하지 못했다고 할 수 있다. PMF를 달성하면 다음과 같은 확실한 신호가 나타난다.

PMF 달성을 알려주는 신호
- ☐ 고객 문의가 끊이지 않는다.
- ☐ 영업이나 광고에 큰 비용을 들이지 않아도 고객 문의와 발주가 들어온다.
- ☐ 고객이 요청하는 기능이 많아서 개발할 시간이 부족할 정도다.
- ☐ 서버를 증설해도 금세 과부하가 걸려 멈춘다.
- ☐ 사업은 커가는데 일손이 부족하다.
- ☐ 지출이 계속 늘어도 이익이 생긴다.

조금 더 구체적으로 상품이 PMF를 달성했을 때 나타나는 신호를 영업, 마케팅, 그 밖의 영역으로 나누어 살펴보자.

영업에서 나타나는 PMF 달성 신호
- ☐ 영업 미팅 후에 실제 수주받기까지 기간이 짧다.
- ☐ 수주 건수가 늘어도, 취소율이 높지 않고 고객 만족도도 높다.
- ☐ 비교적 경력이 적은 영업사원도 계약을 따낸다.

마케팅에서 나타나는 PMF 달성 신호

- 낮은 CPA Cost Per Action, 전환당 비용로도 잠재고객lead을 확보할 수 있다.
- 고객 획득 비용이 낮아서 충분한 이익이 발생한다.
- 보도자료를 배포했을 때 반응이 뜨겁다.
- 고객이 만족하여 사용 후기 인터뷰 요청에 흔쾌히 수락한다.
- 특별히 판촉 활동을 하지 않아도 입소문이 퍼져 고객 문의가 들어온다.

그 밖의 영역에서 나타나는 PMF 달성 신호

- 판매 가격 책정의 이유를 명확하게 설명할 수 있다.
- 경쟁사 제품보다 나은 이유를 명확하게 설명할 수 있다.
- 고객들에게 긍정적인 평가를 받는다.
- 기존 고객이 다른 고객을 소개해준다.

PMF를 달성한 상품은 시장과 고객을 강한 힘으로 끌어당긴다. 대대적으로 광고하거나 억지로 팔려고 노력하지 않아도 입소문을 타고 상품 정보가 번져나가고, 구매를 원하는 고객이 기꺼이 돈을 내겠다며 먼저 찾아온다. 거짓말처럼 들리겠지만, PMF를 달성하면 실제로 이런 일이 벌어진다.

한편 PMF를 달성하지 못했을 때 나타나는 신호도 있다. 마찬가지로 영업, 마케팅, 그 밖의 영역으로 나누어 살펴보자.

영업에서 나타나는 PMF 미달성 신호

- ☐ 영업 미팅 후에 실제 수주받기까지의 기간이 길고, 잠재고객이 적극적으로 검토하지 않는다.
- ☐ 수주 건수가 늘어나더라도, 취소율이 높고 고객 만족도도 낮다.
- ☐ 영업 관련 연수나 훈련을 통해 영업력을 강화해도 수주율이 올라가지 않는다.

마케팅에서 나타나는 PMF 미달성 신호

- ☐ 프로모션에 예산을 투입하면 잠재고객은 늘어나지만, 수주까지 이어지지 않는다.
- ☐ 고객 획득 비용이 많이 들어서, 수주를 받아도 이익이 나지 않는다.
- ☐ 보도자료를 배포해도 반응이 없다.
- ☐ 사용 후기 인터뷰를 부탁할 수 있을 만큼 상품에 만족한 고객이 없다.

그 밖의 영역에서 나타나는 PMF 미달성 신호

- ☐ 판매 가격 책정의 이유를 명확하게 설명할 수 없다.
- ☐ 경쟁사 제품보다 나은 이유를 명확하게 설명할 수 없다.
- ☐ 기존 고객이 다른 고객에게 추천하지 않는다.
- ☐ 고객 문의가 없다.

갑작스럽게 PMF를 달성할 수도 있다

다만 출시하고 한동안 반응이 시원치 않던 상품이라도, 특정 계기로 단번에 PMF에 도달해서 그동안 했던 고생이 거짓말인 양 날개 돋친

듯이 팔려나가는 일도 있다는 사실을 명심하자.

물론 처음부터 맹렬한 기세로 PMF에 도달하는 상품도 있지만, 그런 경우는 매우 드물다. 따라서 PMF 달성을 향해 포기하지 않고 끊임없이 노력하는 자세가 무엇보다 중요하다.

PMF를 찾은 상품과 그렇지 못한 상품을 모두 겪어본 내 경험에 비추어보면, 확실히 **PMF를 달성한 상품은 연관된 모든 사람을 행복하게 해줄 확률이 높다**고 확신한다.

PMF를 달성하지 못한 상태에서는 고객이 상품을 찾지 않으니 당연히 매출도 오르지 않는다. 고객 획득 비용은 계속 늘어나는데 고객 만족도는 낮다 보니, 결과적으로 신사업에서 세운 목표치를 달성할 수가 없다. 스타트업이라면 은행 잔고가 계속 줄어들 것이다. 그런 상황에서는 성공에 대한 자신감이 떨어지기 마련이고, 당연히 조직 분위기도 침울해진다.

하지만 PMF를 찾으면 고객은 늘어나고 매출도 오른다. 고객 획득 비용이 적게 들고 고객 만족도는 높아서, 신사업에서 세운 목표치를 차근차근 달성해나갈 수 있다. 스타트업이라면 은행 잔고가 점점 늘어날 것이다.

일본에는 '매출이 만병통치약'이라는 말이 있다. 이 말처럼 매출이 올라가면 성공에 대한 강한 확신이 생기고, 저절로 조직 분위기가 좋아진다.

또한 PMF를 찾은 상품은 수월하게 팔 수 있어서 영업사원도 일할 맛이 난다. 반면 PMF를 찾지 못한 상품은 아무리 열심히 영업해도 팔리지 않으니 몸과 마음만 지쳐갈 뿐이다.

따라서 일하는 사람의 행복도라는 측면에서도 상품의 PMF는 반드시 찾아야 한다.

이후에는 신사업이 PMF를 달성하지 못하고 실패하는 요인, PMF에 도달하는 방법과 핵심, PMF를 찾은 사업이 언제 어떻게 PMF를 달성했는지를 살펴보자.

2장
신사업이 PMF에 도달하지 못하고 실패하는 이유

'성공은 예술, 실패는 과학'이라는 말이 있듯이, 사업 실패는 같은 행위를 하면 반복된다는 점에서 재현성이 있다.

따라서 실패 사례에서 얻은 교훈을 바탕으로 같은 행동을 피하기만 해도 성공 확률을 높일 수 있다. 2장에는 PMF의 관점에서 신사업을 추진할 때 자주 범하는 실패 유형을 정리했다.

PMF 달성을 위해 본격적으로 움직이기 전에, 먼저 어떤 행동이 PMF 달성을 방해하고 사업을 성공에서 멀어지게 하는지 알아보자.

왜 신사업이 실패하는가

회사 경영자나 사업 책임자라면 누구나 1장에서 소개한 사례처럼

PMF를 찾은 상품을 팔아 사업을 성공시키고 싶어 한다.

그래서인지 그들과 대화를 나누다보면, "PMF에 도달하기가 쉽지 않다", "첫 사업은 성공했지만, 두 번째, 세 번째 신사업은 생각처럼 잘 되지 않는다"라는 고민을 들을 때가 많다. 나 역시 전에 다니던 상장 기업에서 신사업 부문을 담당했지만, 당시에 추진했던 신사업은 대부분 결국 실패로 끝났다. 몇 년 동안 성공시킨 사업이 하나도 없었다.

열에 아홉은 실패하는 것이 신사업이다. 그야말로 신사업 그 자체라 할 수 있는 스타트업 창업자를 육성하고 지원하는 기업 와이 콤비네이터Y Combinator의 창업자 폴 그레이엄에 따르면, 스타트업의 성공 확률(최저 40억 엔 이상의 기업 가치를 가진 스타트업 기준)은 7%이며, 드롭박스Dropbox나 에어비앤비Airbnb처럼 대박이 터질 확률은 0.3%에 불과하다.

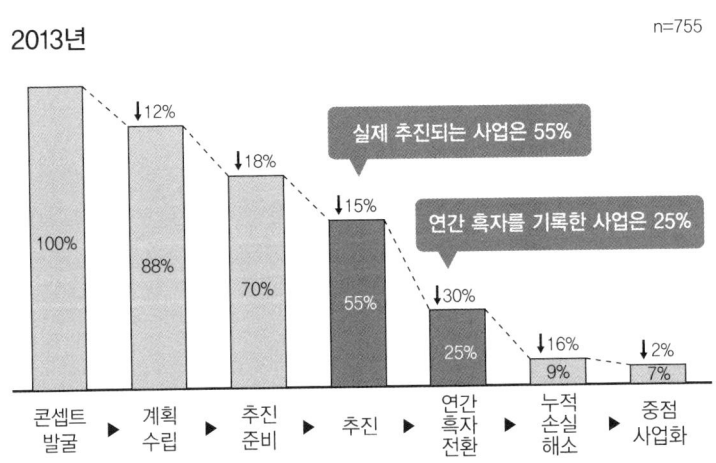

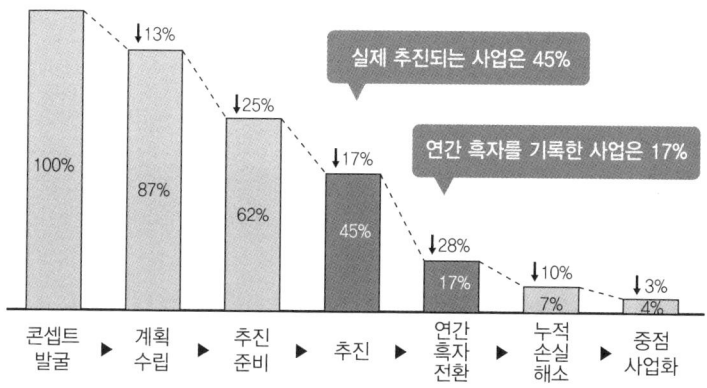

[그림 2-1] 신사업 추진 시 단계별 성공 확률 추이
(https://www.abeam.com/jp/ja/about/news/20181128)

또한 아빔 컨설팅ABeam Consulting이 실시한 대기업 신사업 실태 조사에 따르면, 검토한 사업이 실제로 추진될 확률은 45%, 연간 흑자를 기록할 확률은 17%, 누적 순손실을 해소할 확률은 7%, 중점 사업으로 성장할 확률은 4%에 불과했다([그림 2-1]).
인재들이 모여 전력을 쏟아붓는데도, 왜 신사업은 성공하기 힘들까? 지금부터 신사업이 실패하는 이유 12가지를 순서대로 살펴보자.

1. 고객 니즈를 검증하지 않은 채로 상품을 출시한다.
2. PMF 달성과 관련 없는 일에 시간을 허비한다.
3. 상품 출시 전에 사내 회의만 거듭한다.
4. PMF를 찾지 못한 상태에서 영업과 마케팅에 투자한다.
5. 빈껍데기 PMF에 속는다.
6. 섣불리 조직 인원을 늘린다.

7. 의사결정이나 전략의 성공 확률에 집착한다.
8. 허영 지표만 쫓는다.
9. 시장 규모를 확인하지 않고 뛰어든다.
10. 경쟁전략 없이 시장에 뛰어든다.
11. '해보지 않으면 모른다'는 경직된 생각으로 일을 추진한다.
12. 지나치게 작은 규모로 시작한다.

고객 니즈를 검증하지 않은 채로 상품을 출시한다

신사업이 실패하는 첫 번째 이유는 고객 니즈를 검증하지 않고, 자신들만의 생각이나 믿음에 따라 상품을 출시하기 때문이다.

'이 시장에 관해서는 우리가 누구보다 빠삭하니까, 고객의 니즈도 당연히 우리 생각과 같을 거야.'
'만약 내가 고객이라면 이런 상품을 원할 테니까 문제없어.'
'앞으로는 고객들이 이런 기능을 쓰겠지?'

세상에는 추측만으로 상품을 개발했다가 팔리지 않아서 결국 사라진 사업이 셀 수 없이 많다. 특히 엔지니어 출신이 창업한 회사나, 실력이 뛰어난 엔지니어 또는 디자이너가 있는 팀이 이런 착각에 빠지기 쉽다.

훌륭한 상품을 개발할 능력이 있기 때문에, 지나치게 상품 개발에만 집중하거나 처음부터 세부 UX와 UI를 다듬는 일에 과하게 시간을 들인 나머지, 고객 니즈의 검증은 뒷전으로 미루다가, 결국 모든 노력을 물거품으로 만들기도 한다.

실제로 스타트업이 사업을 접는 이유를 조사해보니, **사업 철수 이유 1위로 '시장이 존재하지 않았다'**가 꼽혔다([그림 2-2]).

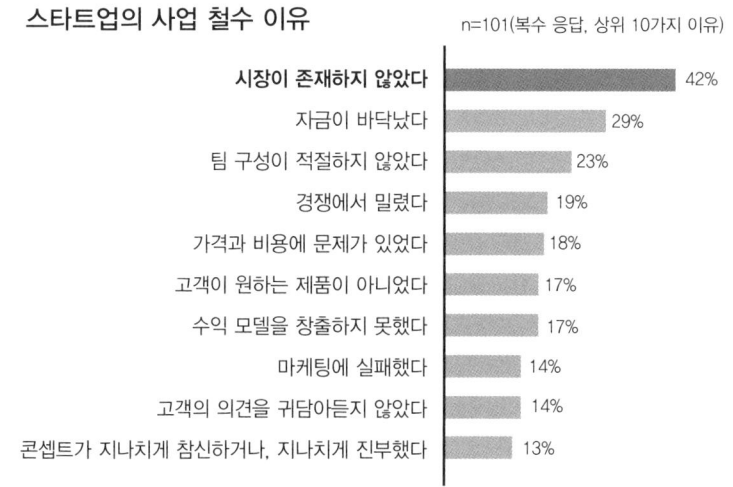

[그림 2-2] 스타트업의 사업 철수 이유 1위는 '시장이 존재하지 않았다'
(호리 신이치로, 《STARTUP 뛰어난 창업자는 무엇을 생각하고 어떤 행동을 할까 STARTUP 優れた起業家は何を考え、どう行動したか》)

'시장이 존재하지 않았다'라는 말은 자사가 만든 상품을 원하는 사람이 없었다는 뜻이다. 또한 '자금이 바닥났다', '가격과 비용에 문제가 있었다', '고객이 원하는 제품이 아니었다' 같은 다른 철수 이유 역시, 따지고 보면 고객 니즈를 제대로 파악하지 못했기 때문이다. 사람들이 어떤 상품을 원하는지 몰라서 실패하는 스타트업이 그만큼 많다는 뜻이다.

업무 관리 서비스를 제공하는 기업 클레버두 Clever.do의 창업자 아나스타샤 무드로바가 실행한 조사에서도, 스타트업이 실패하는 가장 큰 이유는 '부족한 시장의 니즈' 때문으로 나타났다([그림 2-3]).

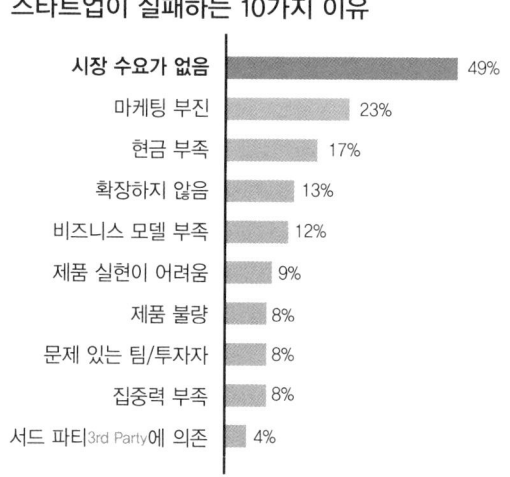

[그림 2-3] 아나스타샤 무드로바가 조사한 스타트업의 실패 이유
(https://thinkgrowth.org/7-lessons-from-100-failed-startups-2db31984867a)

어지간히 운이 좋지 않고서야, 자신들만의 생각이나 믿음으로 만든 상품이 고객 니즈와 정확히 일치해서 수익성 있는 사업으로 성장하기는 힘들다.

  따라서 상품 개발은 상품의 콘셉트나 가설을 설정하는 단계, 목업 mock up 단계, 클로즈 베타와 오픈 베타 서비스 같이 시제품을 선보이는 단계 등을 거치면서, 고객 니즈를 검증한 후에 진행해야 한다. 이와 관련한 구체적인 상품 개발 진행 방법은 3장에서 살펴보자.

PMF 달성과 관련 없는 일에 시간을 허비한다

스타트업 업계에는 'PMF를 달성할 때까지는 코드 짜기와 사용자 의견 청취 이외에는 아무것도 하지 말라'는 말이 있다. PMF에 도달하기 위해서는 고객 의견 청취와 실제 상품 개발이 그만큼 중요하다는 뜻이다.

반면 다음과 같은 일에 치중하면 PMF에서 멀어질 수 있다.

- 과제, 비전, 가치의 명문화
- 예산 편성
- 시스템화와 업무 효율화
- 조직 구성
- 현장으로 권한 이양
- 미디어 노출
- 프로모션에 예산 투입
- 영업사원 육성
- 브랜딩에 투자
- 겉보기 디자인에 투자
- 콘퍼런스 참가
- 술자리를 이용한 인맥 형성

또한 사내 조율이 필요한 기업 내 신사업이라면 이런 일이 추가된다.

- 임원 회의나 투자자를 위한 자료 작성
- 자료 작성을 위한 거듭된 조사

물론 이런 일들이 아예 불필요하다는 말은 아니다. 다만 이런 일들은 PMF를 달성한 후에 해야 한다.

스타트업이라면 확보한 자금, 기업 내 신사업이라면 할당받은 예산이 바닥날 때까지, 일단은 시행착오를 거듭하며 PMF에 도달하기 위해 노력해야 한다. PMF에 도달하기 전에 앞에서 언급한 일에 시간을 뺏기면, 그만큼 시행착오를 겪는 횟수가 줄어들어 PMF 달성에 더 오랜 시간이 걸리게 된다. 그사이 자금이 바닥나고 실패할 확률은 높아진다.

예를 들어 예산 3억 원이 있다고 하자. PMF에 도달할 때까지 몇 번의 시행착오를 버틸 수 있을까? 앞에서 언급한 일에 시간을 빼앗기면, 원래는 5번까지 할 수 있었던 시행착오가 1~2번만에 끝날 수도 있다. 따라서 우선은 PMF 달성을 가장 우선순위에 두고, **되도록 많은 시간을 고객 인터뷰나 상품 개발에 투자하자.**

상품 출시 전에 사내 회의만 거듭한다

신사업을 추진할 때는 고객과 시장에 관해 모르는 부분이 많기 때문에, 우선 정보 수집이 필요하다.

이때 앤소프 매트릭스Ansoff Matrix를 활용할 수 있다. 앤소프 매트릭스는 기업의 성장 전략을 '제품'과 '시장'의 관점에서 각각 '기존'과 '신규'로 나누어 분석하는 기법이다([그림 2-4]). 자신의 사업이 앤소프 매트릭스에서 '신규' 축에 속한다면, 가진 정보와 가설의 정밀도가 낮다는 점을 염두에 두고, 시장과 고객을 정확하게 파악해가는 방향으로 사업을 추진해야 한다. 이 책에서는 이 과정을 '고객에 대한 해상도를 높인다'라고 표현한다.

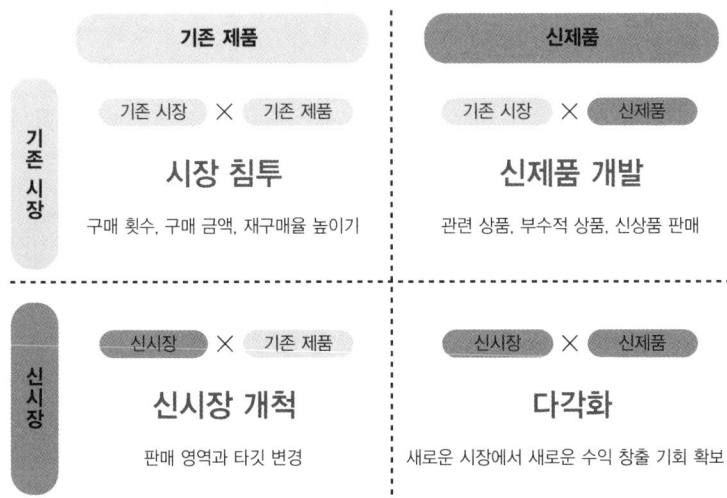

[그림 2-4] 앤소프 매트릭스를 통한 제품과 시장의 관점에서의 전략 분석

하지만 해상도를 높여야 할 시기에 사내 구성원끼리 회의만 거듭하다가, 정작 시장이나 고객에 관한 정보를 수집하지 못하는 경우를 심심치 않게 볼 수 있다. 그렇다고 작가 데라야마 슈지의 책 제목처럼 '책을 버리고 거리로 나가자'는 말은 아니다. 다만 **초기 단계일수록 외부로 나가서 시장과 고객을 직접 접해야 하는 것만은 분명하다.**

최근 우리 회사에서 지원한 신사업 프로젝트에서도, 사내 회의를 줄이고 시장과 고객에 관한 정보 수집을 우선시해서 좋은 성과를 낼 수 있었다.

예를 들면 지금까지는 목표 고객사나 소구 메시지를 결정하고 영업 자료와 랜딩 페이지landing page를 만드는 과정에 2달이 걸렸지만, 기본 틀만 갖춰도 상관없다는 생각으로 이 기간을 1달로 줄였다. 이

상태로 광고를 내보내고 기존 고객에게 알려 우선 잠재고객을 확보한 다음, 영업 미팅 기회를 잡아 점차 정밀도를 높여가는 방식으로 접근했다.

어차피 신사업에서 사전 조사로 콘셉트와 목표 고객층을 완벽하게 정하는 일은 불가능에 가깝다. 1달을 조사하든 2달을 조사하든 수집한 정보의 정밀도 차이도 그렇게 크지 않다. 따라서 일단 가설을 세운 뒤 잠재고객을 찾아 미팅을 진행하는 편이 낫다. 그 후에 빠르게 결과를 리뷰해서 개선하면, 성공 확률을 높일 수 있다.

물론 어느 회사나 프로젝트 초기에 정량적 조사와 정성적 조사를 실행하겠지만, 조사 범위가 포괄적이지 못할 수도 있고, 사용자 인터뷰와 지인을 상대로 한 영업은 진정한 의미의 영업 미팅이라 할 수 없으니 고객의 솔직한 속마음을 듣지 못할 수도 있다.

또한 잠재고객을 대상으로 프레젠테이션 자료를 보여주고 의견을 물을 수도 있지만, 이런 방식은 '학습' 단계를 벗어나지 못하는 면이 있다. 현실에서는 실제 랜딩 페이지나 영업 자료를 만들어서 잠재고객을 찾아 영업 미팅을 진행한 다음, 수주를 받거나 실패하는 사이클을 6개월에서 1년 정도 주기로 빠르게 반복하는 편이 지름길일 때가 더 많다.

물론 기업 내부에서 추진하는 신사업이라면 품의와 결제 절차가 필요하기 때문에, 일단 출시부터 해보는 방식은 적용하기 어려울 수도 있다. 이때는 어느 정도 조정이 필요하다.

하지만 사용자 인터뷰나 지인을 상대로 한 영업이 아닌, 진정한 잠재고객과 영업 미팅을 진행해서 해당 상품이 어떤 세그먼트segment, 고객층에서 팔릴지, 부족한 기능은 무엇인지를 직접 깨닫는 과정은 어디서나 중요하다.

혁신적인 도전으로 유명한 세계적인 기업 3M에서는, 원래 상품 개발 담당 팀이 사내에서 브레인스토밍을 거듭해 완성품이 만들고 나서, 그 후에 고객에게 판매를 시작했다. 하지만 1990년대 중반부터 상품 개발 과정에 사용자를 참여시켜 조기에 시제품을 제공하고, 실제 사용하는 모습을 관찰해 상품을 완성하는 프로세스로 변경했다.

그 결과 2002년에 발표된 조사 보고서에 따르면, 사용자 참여 방식으로 추진한 프로젝트는 5년 후에 평균 1억 4,600만 달러의 매출을 냈다. 이는 기존의 사내 브레인스토밍 방식으로 추진한 프로젝트가 낸 평균 매출의 8배에 달했다. 사내에서의 탁상공론을 줄인 상품 개발 프로세스가 더 효율적이라는 사실을 보여준 좋은 사례라 할 수 있다.

PMF를 찾지 못한 상태에서 영업과 마케팅에 투자한다

신사업이 실패하는 네 번째 이유는 PMF를 찾지 못한 상태로 영업이나 마케팅에 투자를 시작하기 때문이다.

PMF를 찾지 못한 사업은 웹사이트나 광고 운영 방식을 개선해도, 고객 문의가 늘지 않고 수주로 이어지지도 않는다. 하지만 PMF를 찾은 상품은 웹사이트가 미완성이거나 광고 운영 방식에 다소 문제가 있더라도, 문의가 끊이지 않고 수주로 이어진다.

마찬가지로 PMF를 찾지 못한 사업은 영업 관련 컨설팅을 받거나 영업 연수를 실시해도 그다지 효과가 나타나지 않는다. 하지만 PMF를 찾은 상품은 인턴이나 다른 부서의 영업사원이 판매해도 수주에 성공한다.

얼마 전 한 중견기업의 신사업 담당자와 회의할 일이 있었다. 그가 담당한 상품은 1장에서 설명했던 'PMF 미달성 신호'가 거의 모두 나타날 정도로 PMF를 찾지 못한 상태였다. 그런데도 상품이 팔리지 않는 이유가 마케팅의 4P Product(제품), Price(가격), Place(유통), Promotion(판매촉진) 중 프로모션(판매 촉진)에 있는 것 같다며, 프로모션 방법 개선에만 시간과 자금을 쏟아붓고 있었다. 애당초 PMF를 찾지 못한 상태에서는 어떤 프로모션 방법을 써도 PMF를 달성할 수 없다. 당연히 프로모션도 효과를 발휘하지 못한다.

만약 사업이 잘 풀리지 않는다면, 영업이나 마케팅 활동이 아니라 우선 상품이 고객 니즈와 일치하는지부터 다시 살펴보자.

나 역시 신사업 프로젝트에 참여했다가 몇 번이나 실패했던 적이 있다. 사업을 확장해보려고 다음과 같은 일을 해봤지만, PMF를 찾지 못한 상태에서는 전혀 효과가 없었다.

- 홈페이지 새 단장, 랜딩 페이지 개선
- 광고, 세미나, 박람회 참가를 통한 고객 유치
- 영업 연수, 롤플레잉, 컨설팅을 통한 영업력 강화
- 직원 인식 개선 연수

이런 행동을 두고 우리 회사에서는 **영업이나 마케팅에 투자하기 전에 새는 구멍부터 막아야 한다**라고 표현한다([그림 2-5]). 여기서 '새는 구멍'을 막는 방법은 이렇다.

- 영업이나 마케팅에 투자하기 전에, PMF를 재검토한다.
- 고객을 끌어모으기 전에, 알기 쉬운 웹사이트와 영업 자료를 만든다.

- 수주 건수 늘리기에 열중하기 전에, 고객이 만족할 만한 상품부터 개발한다.

어떤 상황이든 투자하기 전에 새는 구멍부터 막지 않으면, 돈은 금세 바닥나기 마련이다.

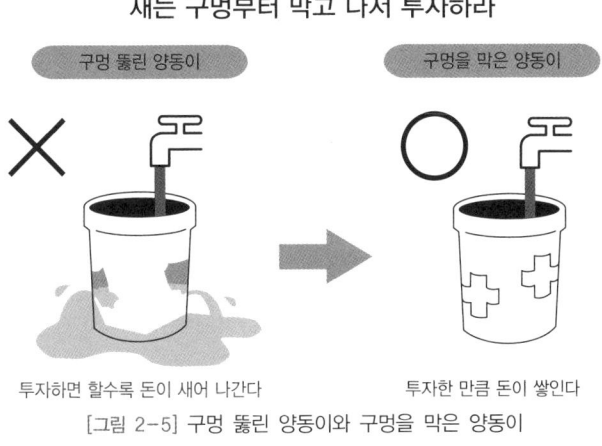

[그림 2-5] 구멍 뚫린 양동이와 구멍을 막은 양동이

특히 자금 여유가 없는 스타트업이나 신사업일 경우, PMF를 찾지 못한 상태에서 성급히 영업이나 마케팅에 투자를 시작하면 돈만 줄줄 새어나갈 뿐이라는 점을 명심하자.

심지어 자금만 줄어든다면 그나마 다행이다. 어중간하게 팔렸다가 고객 클레임이라도 발생하면, 클레임 대응에 시간을 빼앗겨 PMF 달성의 길은 더 멀어질 수밖에 없다.

다만 승자 독식의 성격이 강한 플랫폼 사업이나, 나중에 대체하기 어려운 사업, 데이터를 먼저 확보한 기업이 유리해지는 사업은 예외다. 이런 사업은 상품이 다소 미흡하더라도, PMF나 채산성을 무시하고 일단 점유율부터 확보해야 한다. 그 후에 상품을 개선해서 PMF를 달성하거나, 기능을 보강해 가격을 올리거나, 나중에 업셀링Up-Selling, 상위 버전 구매 유도이나 크로스셀링Cross-Selling, 교차 구매 유도 방식으로 비즈니스를 추진하는 방법도 있다. 이때는 빠른 대응을 우선시해서 적극적으로 영업이나 마케팅에 투자해도 괜찮다.

빈껍데기 PMF에 속는다

PMF에 도달하기 전에 어느 정도 잠재고객을 확보하거나 수주를 받을 수도 있다. 이때도 주의해야 한다. 아예 잠재고객을 확보하지 못하거나 열심히 고객들을 만나고 다녀도 수주를 받지 못하는 상황이라면, 어찌 보면 PMF를 진지하게 고민해볼 수 있는 계기가 된다.

하지만 잠재고객 수나 수주 건수가 증가하면, 조직에서 사업이 순조롭게 성장하고 있다고 착각한 나머지, 정말 PMF를 찾았는지 고민할 시기를 놓칠 수 있다.

영업망과 고객 기반이 탄탄한 대기업 혹은 영업력이 뛰어난 사장이나 영업부장이 있는 스타트업은 특히 조심해야 한다. 초기에 판매가 순조로운 탓에, 아이러니하게도 중장기적으로는 PMF 달성이 늦어질 수 있다.

그래서 B2B 상품 개발 업계에는 '창업자가 판 물량은 수주 건수에 포함하면 안 된다'는 말이 있다. 일반적으로 **창업자는 인간적인 매력이 넘치는 사람일 확률이 높아서, 그의 매력이 상품 판매로 이어지는 경향이 있기 때문이다.** 그 결과 다음과 같은 일이 흔히 일어난다.

인맥이 넓고 영업력이 뛰어난 사장 덕분에
초기 영업 실적이 나쁘지 않다.
↓
PMF를 달성했다고 착각한다.
↓
광고비를 늘리거나 영업사원을 늘려 사업을 확장하는 단계에
이르러서야, PMF를 달성하지 못했다는 사실이 드러난다.
↓
사장은 이미 PMF를 달성했다고 생각하기 때문에,
그 원인을 마케팅이나 영업에서 찾으려고 한다.

창업자의 영업력이 뛰어나거나 지인들 덕분에 판매가 증가하면, 상품이 훌륭해서 팔린다고 착각하기 쉽다. 하지만 이는 PMF 달성 신호로 보기에는 약하다. '광고 같은 소개 채널이 아닌 다른 경로로, 창업자가 아닌 다른 직원도 상품을 팔 수 있다'는 게 증명되어야 PMF를 달성했다고 할 수 있다.

따라서 순조롭게 잠재고객이나 수주 건수가 늘어나더라도, 앞서 "상품 출시 전에 사내 회의만 거듭한다" 절에서 언급했듯이 현재 상황을 꼼꼼하게 돌아보고, 어떤 세그먼트에서 인기를 얻고 있는지, 어떤 면에서 고객이 가치를 느끼는지, 현재 상품의 부족한 점은 무엇인지를 빠짐없이 검증해야 한다.

섣불리 조직 인원을 늘린다

대기업에서 신사업을 추진할 때는 '예산 확보'를 위해 처음부터 필요 인원을 넉넉히 잡아서, 중간에 추가 선발하는 일이 없게 하려는 경향이 있다. 스타트업에서도 투자받은 자금의 일정 부분을 인재 채용에 할당해서, 필요 이상으로 직원을 늘리는 실수를 하기도 한다.

물론 사업이 순조롭게 성장한다면 아무 문제도 없지만, 만약 그렇지 않으면 인원이 늘어날수록 합의를 얻어내야 할 이해관계자stakeholder가 늘어나 오히려 사업 진척 속도를 떨어뜨릴 수 있다.

때로는 영업사원을 그냥 놀릴 수가 없어서, (수주받을 가능성이 크지 않아도) 영업 미팅 기회를 만들어주기 위해 어쩔 수 없이 박람회에 참가하기도 한다. 그야말로 '일을 위한 일'을 만드는 셈이다.

이왕 디자이너를 채용했으니, 당장은 웹사이트를 개선할 필요가 없는데도 디자인 변경을 의뢰하거나 배너 이미지 제작을 요청해서 인적자원을 활용하려는 모습은 의외로 주변에서 흔히 볼 수 있다.

하지만 이런 행동이 PMF 달성으로 이어지는 일은 없다. 그 '일을 위한 일'을 하는 사람이 디자이너 혼자라면 문제없겠지만, 한 사람이 혼자서 끝까지 마무리할 수 있는 일은 많지 않다. 결국 다른 구성원들의 시간을 빼앗게 되고, 이는 결국 조직 전체의 기회 손실로 이어진다.

조직 인원이 늘어날수록 합의 형성과 관리의 난이도가 비약적으로 높아지고, 그만큼 PMF 달성은 늦어진다. 물론 PMF를 달성한 이후라면, 인원 증가가 성장에 도움이 된다. 따라서 인원을 늘리기 전에, 우선 당신의 사업이 정말 PMF를 달성했는지부터 진지하게 생각해 보자.

의사결정이나 전략의 성공 확률에 집착한다

퍼즐에 비유하자면, 신사업 추진 초기는 이제 막 조각 몇 개를 맞추기 시작한 단계다. 후반에 들어서서 퍼즐의 전체 그림이 보이고 조각들이 대부분 자리를 찾은 상태라면, 나머지 퍼즐을 어디에 놓을지에 대한 의사결정이나 전략이 성공할 확률이 높다. 하지만 맞춘 조각이 많지 않은 초반에는 당연히 성공 확률이 높지 않다([그림 2-6]).

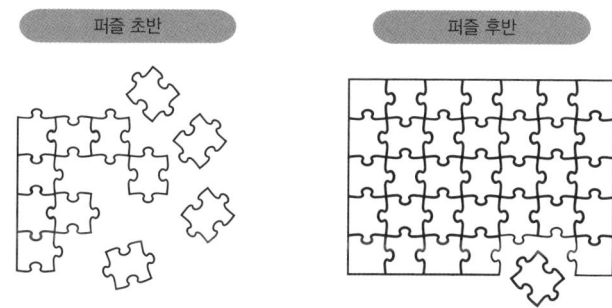

[그림 2-6] 신사업 초기는 퍼즐 맞추기의 초반과 비슷하다.

그런데도 신사업 추진 초기부터 성숙기에 접어든 기존 사업과 같은 성공률을 기대하면서 업무를 추진하면, PMF 달성은 멀어지기만 한다. 예를 들면 다음과 같은 일이 벌어질 수 있다.

- 웹사이트나 랜딩 페이지에 들어갈 일러스트에 매달린다.
- 배너 안에 들어가는 작은 문구에 지나치게 신경을 쓴다.
- SFA Sales Force Automation, 영업 자동화 시스템 대시보드 설계에 시간을

쏟는다.

- 웹페이지나 앱 분석을 위해 히트 맵heat map, 다양한 정보를 열 분포 형태의 그래픽으로 표현하는 데이터 분석 도구을 도입한다.

매출이 수백억, 수천억 원에 달하는 사업이라면 이 또한 올바른 방향일 수 있지만, 매출이 그다지 높지 않고 상품 자체도 아직 완전하지 않은 사업에서는 바람직하지 않은 태도다.

신사업은 대부분 카오스, 즉 혼돈 상태에 있는 경우가 많다([그림 2-7]). '혼란기'에는 애당초 의사결정이나 전략이 성공할 확률이 낮다. 따라서 **추진하는 전략의 수와 속도, 그로부터 얻은 교훈에 더 큰 비중을 두고 사업을 진행하겠다는 마음가짐이 필요하다.**

반면 '안정기'에는 최대한 많은 성과를 내기 위해 자원을 계획적으로 투입해야 한다.

당신이 추진하는 신사업이 어떤 단계에 있는지 정확히 파악해서, 그에 맞는 적절한 판단과 행동 기준을 찾아보자.

혼란기와 안정기에 필요한 행동은 다르다

혼란기 ─── 안정기 ───

빠른 행동 · 정보 탐색	계획 수립 · 자원 투입
일단 행동으로 옮겨 정밀도를 높이기 위한 정보를 수집한다	더욱 정밀도를 높이기 위해 노력한다

[그림 2-7] 신사업의 혼란기와 안정기에 취해야 할 행동의 차이

허영 지표만 쫓는다

허영 지표Vanity Metrics는 사업의 본질에서 벗어났는데도 마치 순조롭게 진행되고 있는 것처럼 보이게 하는 수치를 말한다. 구체적으로 무엇이 허영 지표로 쓰이기 쉬운지 살펴보자.

- SNS 언급 수
- 보도자료 게시 건수
- 페이지뷰PV 수
- 활성화·유료화로 이어지지 않는 사용자 수
- 이벤트 시행 건수
- 피칭Pitching, 투자 유치 발표 이벤트 입상 경력
- 투자 유치 성공 여부
- 투자 유치 금액
- 직원 수

나 역시 신사업을 시작할 때, 머리로는 '허영 지표에 끌려가면 안 된다'고 생각하면서도, 나도 모르게 보도자료 게시 건수를 조회해보거나 페이지뷰 숫자에 눈이 간 적이 있다.

물론 허영 지표에도 조직의 기세나 고양감을 높여주는 효과가 있기는 하다. 다만 그 효과와 PMF 탐색은 분명하게 구분해야 한다. **PMF 달성을 보여주는 지표는 수주 건수이며, 고객 성공**CS, Customer Success **달성 여부와 그 수이다.**

당신이 쫓고 있는 지표가 허영 지표인지 아닌지 항상 주의하자.

시장 규모를 확인하지 않고 뛰어든다

시장 규모를 고려하지 않고 무작정 상품을 개발해서 뛰어드는 행동 또한 신사업이 실패하는 이유 중 하나다.

앞서 PMF를 '적합한 시장에 뛰어든 상태'라고 정의했다. 다시 말해 충분한 규모를 갖춘 시장에 침투해야 한다. 물론 직접 부딪쳐보지 않으면 알 수 없는 부분이나 보이지 않는 면도 있지만, 적어도 다음과 같은 사항들만은 가설이라도 좋으니 반드시 사전에 생각해두자.

- 대상 고객 수는 어느 정도인가?
- 충분한 매출과 이익이 예상되는가?
- 충분한 규모를 가진 다른 시장이나 세그먼트로 확장할 수 있는가?
- 다른 시장이나 세그먼트로 확장할 때 고객의 기호에 따른 맞춤 변경customizing이나 추가 개발이 얼마나 필요한가?

간혹 대기업에서 추진하는 신사업을 보면, 선행 기업과 차별화한 상품을 개발했지만, 차별화를 지나치게 의식한 나머지 소수의 특정 소비자를 위한 틈새niche 상품으로 전락하는 경우가 있다. 이런 상품은 어느 순간 돌아보면 시장 규모가 작아서 매출이 한계점에 다다라 있다.

경쟁전략 이론 중 회사의 지위에 따라 전략을 바꾸는 '경쟁지위 전략'에 따르면, 후발 주자 기업은 대부분 틈새 전략을 쓸 수밖에 없다. 미국의 경영학자 필립 코틀러가 제안한 이 전략은 기업을 시장점유율 기준으로 4가지 유형, 즉 선도기업leader, 도전기업challenger, 틈새기업nicher, 추종기업follower으로 분류하고, 경쟁지위에 따른 전략 목표를 제시한다. 이 이론에서 말하는 틈새 전략이란 특정 세그먼트에 특화된 상품을 통한 초과수익을 목표로 하는 방법이다.

이때 틈새시장의 규모가 너무 크면 경쟁사가 생기고, 너무 작으면 충분한 수익을 낼 수 없다.

다시 말해 경쟁사에는 매력적이지 않지만 자사에는 매력적인 딱 적당한 규모의 시장을 찾든지, 아니면 작은 시장에 뛰어들어서 단계적으로 큰 시장으로 나아가든지, 둘 중 하나를 선택해야 한다.

물론 처음부터 규모가 큰 시장에 뛰어드는 방법도 있다. 다만 그러려면 적어도 경쟁사와 치열한 자리싸움을 벌일 만큼의 자본이나, 경쟁사 제품을 뛰어넘는 압도적인 우위성, 둘 중 하나는 갖추어야 한다.

경쟁전략 없이 시장에 뛰어든다

경쟁전략을 세우지 않고 시장에 뛰어들었다가, 다른 회사와의 경쟁에서 밀려 이익을 내지 못하고, 결국 사업을 접는 경우도 있다.

실제 신사업과 관련해 다양한 상담을 하다 보면, 경쟁사 제품보다 우위성이 없는 상품이 상상 이상으로 많다는 사실에 놀라게 된다. 그 중에는 아예 처음부터 "경쟁사보다 나은 점이 없습니다!"라며 자기 비하적인 말을 하는 사람도 있다.

하지만 신사업은 직접적으로든 간접적으로든 대부분 경쟁사가 존재한다. 완전히 새로운 시장을 창출한 상품이라고 해도, 일단 돈이 되는 시장이 형성되고 나면 신규 사업자가 하나둘씩 늘어나, 처음에는 블루오션이었던 시장이 금세 레드오션이 된다.

'1천 명의 관심을 끄는 제품보다 1명에게 사랑받는 제품이 낫다',

'열성적인 팬을 만들어라', '철저하게 고객을 지향하라'와 같은 신사업 개발 관련 명언이든, 그로스 해킹growth hacking, 고객의 반응에 따라 제품이나 서비스를 성장시키는 방법이나 바이럴 마케팅viral marketing, 소비자가 자발적으로 제품을 홍보하도록 하는 마케팅 기법 같은 고객 확보 전략에 관한 방법론이든, 일단은 상품이 경쟁사 제품보다 뛰어나지 않으면 의미가 없다.

명언이나 방법론은 어떤 면에서는 맞는 말이고 분명 도움이 되지만, 비즈니스의 세계는 고작 그런 것만으로 매출을 낼 수 있을 만큼 만만하지 않다.

설령 상품이 PMF를 찾았다고 해도, 멋지게 디자인된 웹사이트를 만들고 광고 운영 방식을 최적화하고 문의가 들어오면 고객 관리 부서에서 5분 이내에 전화를 걸어 매끄럽게 상담을 이어나간다고 해도, 애당초 상품 자체에 경쟁력이 없으면 사업을 지속하며 돈을 벌 수 없다.

다음의 질문들은 경쟁력을 확보하고 있는지 판단하는 데 도움이 된다.

- 기존 경쟁사가 대응하지 못하는 니즈는 없는가?
- 자사는 그 니즈에 어떻게 대응할 것인가?
- 업계에서 일정 수준 이상의 점유율을 확보하기 위해 어떤 조건이 필요한가?
- 그 조건을 어떤 순서로 달성해나갈 것인가?
- 경쟁사가 공격적인 전략을 펼치면 어떻게 대응할 것인가?

경쟁력을 어떻게 확보할지, 그 경쟁력을 계속 유지할 수 있는지에 대해서는 사전에 가설을 세워놓아야 하지만, 만약 미리 생각하지 못했다면 사업을 추진하는 과정에서라도 항상 논의해야 한다.

'해보지 않으면 모른다'는 경직된 생각으로 사업을 추진한다

사실 신사업의 실패에는 사전에 조사하거나 미리 고민했으면 피할 수 있는 요소도 의외로 많다. 나의 실패 경험만 돌이켜봐도, 미리 준비해두었으면 피할 수 있었을 일투성이다. 예를 들어 다음과 같은 일들을 꼼꼼하게 챙기면 상당히 많은 정보를 얻을 수 있다.

- 고객 인터뷰를 진행한다.
- 목업이나 프로토타입 단계에서 고객에게 미리 공개한다.
- 국내외 경쟁사의 웹사이트, IR Investor Relations 자료, 사장 인터뷰 기사를 읽는다.
- 유사한 비즈니스 모델을 가진 기업을 찾아가 조언을 구한다.
- 선배에게 영업, 마케팅, 개발 전략에 관한 이야기를 듣는다.

특히 상장한 경쟁사나 비슷한 비즈니스 모델을 가진 기업이 있다면, 그 기업의 IR 자료는 고객 획득 비용, 계약 해지율, 매출총이익률, 연평균 성장률, 원가 및 원가 구조 등 다양한 정보가 기재되어 있는 귀중한 정보의 원천이다.

기본적으로 경쟁사의 연 매출이 100억 원인데 자사의 연 매출은 1,000억 원을 달성하거나, 경쟁사의 영업이익률이 5% 수준인데 자사만 영업이익률 20%를 달성할 가능성은 희박하다. 실제 그런 일이 일어나려면 혁신적인 무언가가 필요하다.

또한 기업의 흥망성쇠에는 명확한 패턴이 존재한다. 따라서 신사업을 준비하는 창업자나 사업 책임자라면 **항상 성공 사례와 실패 사례를 조사해서 피할 수 있는 실패 요인을 제거해야 한다.**

창업자나 신사업 책임자는 사업에 대한 열정이 남다르다 보니, 자칫 주변의 의견을 귀담아듣지 않는 실수를 저지르기도 한다. 업계에 먼저 진출한 선배들을 찾아가서 어떤 부분이 사업 성장을 방해하는 문제가 될지 조언을 듣더라도, 우리 회사는 특별하니까 성공할 수 있다고 생각해버린다.

때로는 그런 강한 믿음이 사업을 성공으로 이끌기도 하지만, 그렇더라도 항상 냉정하게 정보를 살피고 신중하게 결정하는 자세를 잊어서는 안 된다.

지나치게 작은 규모로 시작한다

마지막으로 사업을 지나치게 작은 규모로 시작하는 것도 주의해야 한다.

일반적으로 신사업 분야는 우선 MVP Minimum Viable Product, 고객에게 필요한 최소한의 가치를 제공하는 상품를 만들고, 섣불리 사업을 확장하지 말아야 한다고 알려져 있다. 작게 시작해서 크게 성장해가는 모델을 바람직하게 보는 것이다. 지극히 옳은 생각이다. 다만, 여기서 핵심은 **'작게 시작할수록 좋다'가 아니다.**

예를 들어 마케팅에 너무 적은 비용을 투자하면, 성과가 나오든 나오지 않든 간에 그 원인이 무엇인지 파악하지 못하고 끝나게 된다.

지나치게 작은 규모로 시작하면 크게 2가지 문제가 발생할 수 있다. 첫째, 검증할 수 있는 데이터를 충분히 모을 수 없다. 극단적인 예를 들자면 고작 10건의 영업 미팅으로는 개발한 상품이 PMF를 달성할 수 있을지 없을지 판단할 수 없다.

또한 마케팅 채널을 검증할 때도, 광고비로 1달에 고작 100만 원을 투자하면 그 채널에 광고 효과가 있는지 없는지 알 수 없다.

어떤 상품이 시장에 적합한지를 파악할 때, 1개의 세그먼트에서만 검증하면 충분할까? 예를 들어 시장이 50개 세그먼트로 나뉘어 있다면, 그중 1개의 세그먼트에서는 PMF를 달성하지 못해도 나머지 49개의 세그먼트 중 어느 한 곳에서는 달성할 수 있을지도 모른다.

둘째, 얻을 수 있는 정보가 적어서 PMF 달성을 위한 새로운 교훈을 얻을 수 없다. 예를 들어 검색광고에 100만 원을 들였을 때와 1,000만 원을 들였을 때, 만날 수 있는 새 잠재고객은 어느 쪽이 많을까? 당연히 후자가 많다.

가능한 한 많은 잠재고객을 만나야, 그들이 가진 문제와 그 문제의 심각성, 상품에 필요한 기능, 구매를 망설이게 하는 포인트를 파악할 수 있다.

9장에서 소개할 스마트 도어락 업체 포토신스Photosynth는 초기에 투자받은 3,000만 엔 중 2,000만 엔을 기자회견 비용으로 사용하고, 그 이후에도 프로모션에 상당한 예산을 투입했다. 그 결과 매달 1,500건의 문의가 쏟아졌다. 덕분에 기존 고객들과 전화로 인터뷰를 하거나 영업 미팅을 진행하면서, 고객의 새로운 니즈를 파악할 수 있었다.

만약 포토신스가 기자회견에 투자하지 않고 적은 예산으로 프로모션을 진행했다면, PMF에 도달하기까지 더 오랜 시간이 걸렸을 것이다.

지금까지 PMF 관점에서 신사업이 빠지기 쉬운 12가지 실패 요인에 대해 살펴보았다. 이 내용에 바탕하여, 3장에서는 사업 아이디어 도출부터 PMF 달성, 그 이후까지 사업의 전체 진행 과정을 간략하게 살펴보자.

3장
PMF를 달성하는 여정

3장에서는 Fit Journey 적합성 검증 여정라는 문제 해결 구조를 바탕으로, PMF를 달성하기까지의 여정과 달성 이후에 거쳐야 할 과정을 살펴보자.

Fit Journey의 6단계

Fit Journey는 Startup Fit Journey 스타트업 적합성 검증 여정([그림 3-1])라는 문제 해결 구조를 바탕으로 만들어졌으며, 사업 아이디어 도출부터 PMF에 도달하고 성장까지 이르는 여정이라 할 수 있다.

Startup Fit Journey는 총 4단계로 구성된다. CPF Customer Problem Fit, 고객-문제 적합성, PSF Problem Solution Fit, 문제-솔루션 적합성, SPF Solution

Product Fit, 솔루션-제품 적합성, PMF Product Market Fit, 제품-시장 적합성 등의 단계에 따라 상황을 검토한다.

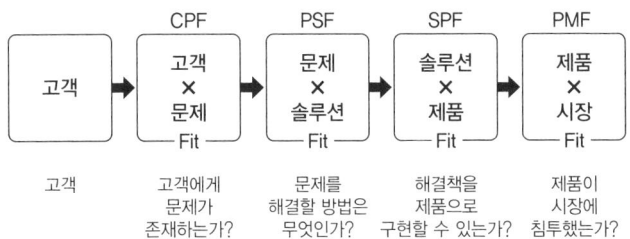

[그림 3-1] Startup Fit Journey(스타트업 적합성 검증 여정)의 4단계
(〈Startup Fit Journey, 현재 단계와 할 일을 제시하는 가이드スタートアップ・フィット・ジャーニー 今どの段階にいて 何に取り組むべきかのガイド〉, https://review.foundx.jp/entry/startup-fit-journey를 바탕으로 작성)

이 책에서는 여기에 GTM Go To Market, 시장 진출과 Growth 성장 단계를 더해 총 6단계를 Fit Journey로 정의한다([그림 3-2]).

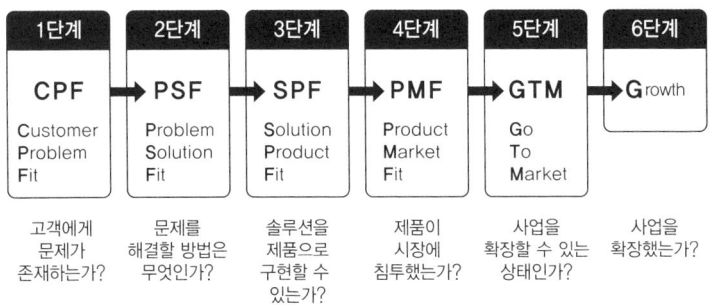

[그림 3-2] Fit Journey(적합성 검증 여정)의 6단계

각 단계를 목표와 지표, 주요 활동이라는 3가지 관점으로 정리하면 [그림 3-3]과 같다.

	목표	지표	주요 활동
CPF	• 버닝 니즈의 발견과 검증 • 창업 팀 구성	• 문제가 존재하는가? • 해당 문제의 해결이 절실한가?	• 고객 인터뷰 • 위탁 사업이나 개념증명PoC을 통해 문제 찾기 • 창업 팀 내부 의견 통합 • 가설의 언어화/명확화
PSF	• 문제에 대한 해결책 고안 및 검증 • 실제 구매로 이어질지 검증	• 열성적으로 반길 고객이 다수 존재하는가?	• MVP 제작 • 영업 자료, 시연 자료 작성 • 고객 인터뷰 • 영업
SPF	• 문제에 대한 해결책을 제품화할 수 있는지 검증	• 계약 기본 합의서 체결	• 프로토타입 제작 • 함께 가치를 창출할 파트너 고객 찾기
PMF	• 제품이 시장에 침투할 수 있을지 검증 • 명확한 가치 제안 • 고객이 정착했는지 검증	• NPS • 숀 엘리스 테스트 • 리텐션율 • 인게이지먼트	• 제품 개발 • 출시 • 고객 성공
GTM	• 비즈니스 모델 검증 • 확장성 검증	• 매출, 수주 건수, 사용자 수 등의 증가율 • 유닛 이코노믹스	• 채널 찾기/최적화 • 직원 채용/육성 방법 찾기
Growth	• 계획대로 사업 성장	• 매출 규모와 고객 수 • 영업이익률과 EBITDA(법인세, 이자, 감가상각비를 차감하기 전 이익)	• 채널 확장 • 세그먼트 확장 • 직원 채용/육성

[그림 3-3] Fit Journey의 단계별 상세 내용

Fit Journey를 활용할 때는 반드시 단계마다 달성할 '목표'를 정의해야 한다.

팀 내부에서 정한 각 단계의 '목표'를 달성하면서 차례차례 다음 단계로 나아가면, PMF는 물론, 그다음 단계인 GTM, Growth까지 실현할 수 있다.

이때 '목표'를 달성하려면, 단계별로 최적의 '지표'를 설정해서 판단 기준으로 삼아야 한다. 그리고 지표의 수준을 높이려면 그에 맞는 행동을 해야 하는데, '주요 활동'에 나와 있듯이 단계별로 요구되는 행동은 각각 다르다.

지금부터 각 단계에 대해 자세히 살펴보자.

CPF(Customer Problem Fit, 고객-문제 적합성)

Fit Journey의 첫 번째 단계는 CPF다.

CPF는 당신이 가정한 문제를 고객이 실제로 느끼고 있는지, 어느 정도 심각한 문제인지, 경쟁사가 있다면 그 경쟁사가 지금까지 해결하지 못한 문제가 무엇인지를 검증하는 과정 또는 검증된 상태를 의미한다.

고객이 정말로 문제를 느끼고 있는지를 묻는 과정이라고 하면 너무 당연한 소리라 의아할 수도 있지만, 사실 CPF는 신사업을 추진할 때 가장 막히기 쉬운 단계이기도 하다.

실제로 많은 기업이 CPF 단계를 건너뛰고, 솔루션부터 생각하는 실수를 저지른다.

만약 팀 내부에서 솔루션의 참신함이나 타사 대비 우위성, 본질적 가치에 대한 논의만 이루어지고 있다면, 특히 조심해야 한다. 아무리 훌륭한 솔루션이 있어도, 애당초 문제를 느끼는 고객이 없거나 문제가 있더라도 사소하다면, 솔루션을 사줄 고객이 없을 테니 결국 무용지물이 될 수밖에 없다.

CPF 단계에서는 주로 인터뷰를 통해서 고객이 안고 있는 문제를 찾는다. 30~50개 정도의 회사와 인터뷰를 진행하면서, 고객들이 입을 모아 지적하는 문제, 열띤 관심을 보이는 문제, 지금 바로 해결되기를 바라는 문제를 찾아낸다.

이때 되도록 **머리카락에 불이 붙어서 당장 꺼야 하는 상황처럼 긴급하게 해결하고 싶은 니즈나 문제, 즉 '버닝 니즈Burning Needs'를 찾아야 한다.**

고객은 버닝 니즈처럼 지금 당장 시급한 문제를 해결해주는 상품에 지갑을 열기 마련이다. 또한 당연히 버닝 니즈를 해결해주는 상품을 팔아야 이후 영업이나 마케팅에서도 효율과 성장 속도가 눈에 띄게 높아진다.

버닝 니즈를 찾으면 다음과 같은 신호가 나타난다.

- 고객이 문제에 대해 한번 입을 열면 멈추질 않는다.
- 상품이 개발되기 전부터 발주 의사를 밝힌다.
- 상품이 개발된 상황이라면 바로 발주하고 싶어 한다.

만약 고객에게 문제가 없거나 사소한 문제밖에 없다면, 목표 고객층을 바꿔서 다시 문제를 찾아야 한다. 상품은 나중에라도 변경할 수 있지만, 고객과 시장은 일단 정하면 변경하기 힘들고, 만약 변경하게 되면 이후의 Fit Journey도 모두 달라진다. 따라서 CPF 단계에서 진지하게 고민하여 적합한 과제를 찾아야 사업을 성공적으로 이끌 수 있다.

일단은 타깃이 될 고객 수가 적고 시장 규모가 작아 보여도, 구체적으로 깊이 파고들어 문제를 찾아내자. 소셜 네트워크 서비스인 페이스북 Facebook은 하버드 대학 학생들이 가진 문제를 해결하기 위해 만들어졌고, 가격 비교 사이트 가카쿠닷컴 kakaku.com은 아키하바라에서 파는 컴퓨터 관련 상품의 가격 비교 정보와 최저가를 알고 싶어 하는 사람들의 궁금증을 해결할 목적으로 탄생했지만, 둘 다 차근차근 대형 서비스로 성장했다.

처음에는 적어 보일지라도 일단 특정 사람들을 100% 만족시키고 나서, 가까이에 있는 시장으로 범위를 넓혀나가면 된다. 처음부터 많은 사람이 고민하는 문제를 찾으려 하다 보면, 그만큼 CPF나 PMF를 달성하기 어려워진다.

예를 들어 '연 매출 500억 엔 이상인 회사의 영업부장'을 목표 고객으로 정하는 정도로는 아직 충분하지 않다. 문제와 해당 문제를 안고 있는 고객의 세그먼트를 정할 때는 되도록 상세하게 잡아야 한다.

- 연 매출 500억 엔 이상인 회사
- 시스템 개발이나 광고 대행업을 하는 회사
- 부하 직원이 50명 이상인 영업부장
- 부하 직원의 영업력을 평준화하고 싶은 사람
- 매뉴얼이나 교육 자료를 작성할 시간이 없는 사람

또한 문제를 찾는 일은 한 번으로 끝나지 않는다. 신기능을 개발하거나 새로운 계획을 세우고 신상품을 개발할 때마다, 또는 고객 세그먼트를 확장할 때마다, 문제를 찾아야 한다는 사실을 명심하자.

PSF(Problem Solution Fit, 문제-솔루션 적합성)

Fit Journey의 두 번째 단계는 PSF다. CPF 단계에서 고객이 빠른 해결을 원하는 문제를 찾았다면, 다음에는 **당신이 제공하는 솔루션이 고객이 원하는 방향인지를 검증**해야 한다.
우선 솔루션은 다음과 같은 방식을 통해 제시한다.

- 영업 자료나 랜딩 페이지
- 프레젠테이션 자료나 동영상
- 목업이나 프로토타입
- MVP Minimum Viable Product, 고객에게 필요한 최소한의 가치를 제공하는 상품

상품 개발 전에 PSF를 검증한 유명한 사례로 클라우드 기반 호스팅 서비스인 드롭박스를 꼽을 수 있다. 드롭박스는 상품을 개발하기 전에, 서비스가 어떻게 이루어지는지를 소개하는 3분짜리 데모 영상과 랜딩 페이지를 공개했다. 그러자 하룻밤 사이에 약 7만 5,000명이 서비스에 가입했다. 드롭박스는 이 결과를 통해 시장에 확실한 문제가 존재하고, 자사의 서비스가 고객이 원하는 솔루션이라는 확신을 얻었다.

이렇게 문제와 솔루션에 대한 합의가 이루어지면, 다음으로 상품 개발에 들어가면 된다. 하지만 이때 다음과 같은 반응이 나온다면, 고객에게 상대적으로 우선도가 낮은 문제이거나 적합한 솔루션이 아니라는 뜻이니, 솔루션을 재검토해야 한다.

- 솔루션을 설명해도 고객의 반응이 미지근하다.
- 괜찮다는 평가는 들었지만, 그 이후로 진전이 없다.
- 상품 개발 시 고객의 협조를 얻기 힘들다.

SPF(Solution Product Fit, 솔루션-제품 적합성)

이어서 세 번째 단계는 SPF다. **솔루션을 제품으로 구현할 수 있는지, 상품이 솔루션의 역할을 충분히 수행하는지를 검증**하는 단계다.

우선은 솔루션을 제품으로 구현할 수 있는지 검증해야 한다. 예를 들어 고객이 '출장을 갈 때 10시간 이상 비행기를 타면 너무 피곤하다'라는 문제로 고민한다면, 솔루션으로 '2시간 안에 목적지까지 도착할 수 있는 이동 수단'을 제공하면 합의를 얻을 수 있지만, 현대 기술로는 그런 상품을 개발할 수 없다.

물론 극단적인 예이기는 하다. 하지만 당신이 제시한 솔루션을 실제 상품으로 만들 수 있고, 고객에게 재현성 높은 만족을 제공할 수 있는지는 반드시 확인해야 한다.

비즈니스 전문 소셜 미디어 플랫폼 링크드인LinkedIn의 창업자 리드 호프먼은 "제품의 초기 버전을 보고 부끄럽지 않다면, 출시가 너무 늦은 것"이라고 말했다. 일단은 빨리 상품을 출시하고, 피드백을 받아 솔루션의 질을 높여가야 한다는 의미다.

이때 9장에서 소개할 기업 플럭스FLUX나 허프HERP의 사례처럼, 상품 개발에 협조해주는 파트너형 고객을 확보하면 큰 도움이 된다.

다만 SPF 단계에서는 다음과 같은 실수를 자주 범할 수 있으니, 늘 주의해야 한다.

- 상품을 처음부터 완벽하게 만드는 일에 치중한다.
- 상품 개발을 외부 업체에 맡겨서 자사에서 통제하지 못한다.
- 상품 매니저 같은 다른 사람에게 상품 개발을 맡긴 탓에, 정작 창업자는 고객이나 솔루션에 관해 자세히 알지 못한다.

PMF(Product Market Fit, 제품-시장 적합성)

네 번째 단계는 이 책의 주제이기도 한 PMF다. PMF 단계에서는 상품이 시장에 잘 침투했는지를 검증한다.

다시 말해 SPF가 검증된 상품을 개발해서 출시한 다음 실제 판매 활동을 해서, 영업 미팅 기회를 잡을 수 있는지, 수주받을 수 있는지, 그리고 고객이 상품에 만족하는지를 검증한다.

이때 PMF 단계의 **목표는 사업의 성장이 아니라 PMF 달성**이라는 점을 잊지 말자.

따라서 이 단계에서는 광고 운용 방식의 최적화, 웹사이트와 랜딩 페이지의 사소한 부분, 영업 자료 디자인 등에 신경 쓰기보다는, 고객이 상품을 구매할지, 상품에 만족할지, 앞으로 열성 고객이 되어줄지에 집중해야 한다.

영업 미팅을 할 때도 계약 성공 여부에 일희일비하지 말고, 자사의 상품이 PMF에 가까워지고 있는지, 오히려 멀어지고 있는 건 아닌지를 기준으로 생각하자. 자세한 내용은 4장에서 설명하겠지만, 고객에게 명확한 가치를 제안할 수 있는지를 항상 염두에 두어야 한다.

또한 이 단계에서는 대외적으로 크게 알리지 않고 제품 출시를 진행하는, 이른바 '스텔스 모드 Stealth mode'로 PMF를 검증하기도 한다.

스텔스 모드의 장점은 이렇다.

- 경쟁사가 알지 못한다.
- 선행자의 특혜를 누릴 수 있다.
- 경쟁사가 없으니, 경쟁에 신경 쓰지 않고 상품 개발에만 집중할 수 있다.
- 성급하게 투자해서 사업 규모를 확장하는 실수를 막을 수 있다.

반면 스텔스 모드가 아니라, 어느 정도 상품을 공개한 상태로 PMF를 검증하면, 다음과 같은 장점을 얻을 수 있다.

- 다수의 고객을 상대로 영업할 수 있다.
- 영업활동 중에 뜻밖의 사용 사례나 세그먼트를 발견할 수 있다.
- 조직 내부에 성공을 향한 합의가 생겨난다.

PMF를 스텔스 모드로 검증할지, 시장에 공개한 상태로 검증할지는, 상황에 따라서 자사에 맞는 방식을 선택하면 된다.

다만 이때 **PMF라는 용어 자체를 지나치게 의식한 나머지 제품만으로 고객의 문제를 해결하려고 해서는 안 된다.** 특히 B2B 상품은 제품과 함께 컨설팅이나 대행 업무 같은 인적 서비스까지 제공해야 고객의 문제를 해결할 수 있는 경우도 있다.

9장에서 소개할 DX Digital Transformation, 디지털 전환 전문 기업 와큘 WACUL도 디지털 서비스만이 아니라, 정기적으로 사람들이 직접 모이는 회의를 함께 제공하는 방식으로 PMF를 달성했다.

그렇다면 PMF를 달성했는지는 어떻게 알 수 있을까? 다음 지표들을 측정해보면 된다. 자세한 내용은 6장에 정리한 PMF 측정법에서 설명하기로 하고, 여기서는 지표의 종류만 알아두자.

- NPS Net Promoter Score, 순 추천 고객 지수
- 숀 엘리스 테스트 Sean Ellis's test
- 리텐션율 Retention Rate, 고객 유지율
- 인게이지먼트 Engagement, 참여도

GTM(Go To Market, 시장 진출)

PMF를 달성했다면, 다음은 GTM 단계다. GTM은 **자사의 상품을 어떤 경로로 고객에게 제공할지를 정리하는 전략**이다.

일반적으로 우리는 마케팅 전략을 통해 '누구에게', '어떤 가치를', '어떤 방식으로' 제공할지 정한다. PMF 단계에서 '누구에게'와 '어떤 가치를'에 집중한다면, 그다음 GTM 단계에서는 '어떤 방식으로'에 초점을 맞춘다.

1960년대에 미국의 마케팅 전문가 에드먼드 제롬 매카시는 제품 Product, 가격 Price, 유통 Place, 판매 촉진 Promotion의 앞 글자를 딴 4P 개념을 제시했다. 그 뒤 1990년대에는 미국의 광고학자 로버트 라우터본이 고객의 시점으로 4P를 재해석해서, 고객 가치 Customer Value, 고객 구매비용 Cost, 고객 편의성 Convenience, 고객과의 소통 Communication의 앞 글자를 딴 4C 개념을 탄생시켰다.

4P와 4C 개념을 활용해 상품을 정리하면 GTM에 도움이 된다. 또한 B2B 상품이라면 나의 저서 《사례로 배우는 B2B 마케팅 전략과 실천 事例で学ぶBtoBマーケティングの戦略と実践》도 참고가 될 수 있다.

GTM 단계에서는 매출, 수주율, 사용자 수 같이 사업의 성장을 보

여주는 요소와 유닛 이코노믹스Unit Economics, 고객 1명당 발생하는 수입과 비용를 지표로 활용할 수 있다. 성장률의 기준을 잡을 때는 경쟁사나 유사 비즈니스 모델을 가진 기업의 성장률을 조사해서 벤치마킹하면 좋다.

예를 들어 서비스형 소프트웨어SaaS 업계에는 ARRAnnual Recurring Revenue, 연간 반복 수익을 2년간 3배Triple씩, 그 후 3년간 2배Double씩 성장시키는 비즈니스 모델 'T2D3'를 지표로 활용한다. 참고로 T2D3는 시가총액이 1조 원을 넘는 유니콘 기업이 되려면 반드시 달성해야 하는 지표로 알려져 있다.

다만 자사가 매년 30%씩 성장하더라도 경쟁사가 매년 50%씩 성장하면, 결국 시장점유율 경쟁에서 밀릴 수밖에 없다. 이때는 상품이나 판매 방법을 개선해야 한다.

유닛 이코노믹스 역시 6장에 정리한 PMF 측정법에서 자세히 설명하겠지만, 일단 여기서는 2가지만 확인하고 넘어가자.

- 유닛 이코노믹스를 맞춘 단가로 상품을 판매할 수 있는가?
- 자사에서 책정한 단가로 고객에게 상품을 홍보할 영업이나 마케팅 채널을 확보할 수 있는가?

먼저 유닛 이코노믹스를 맞춘 단가로 상품을 판매할 수 있는지를 확인하려면, 일단 다음의 3가지 가격 설정 방법을 이용해 단가부터 책정해야 한다.

- 고객 가치 기준법
- 경쟁사 기준법

- 원가 기준법

일반적으로는 경쟁사 상품의 가격을 벤치마킹해서 정하는 '경쟁사 기준법'이나, 제조원가에 원하는 이익을 얹어서 정하는 '원가 기준법'을 많이 활용한다. 하지만 여기에 더해 고객 가치를 기준으로 가격을 설정할 수 있을지도 검토해보는 편이 좋다.

'고객 가치 기준법'은 예를 들어 상품의 원가가 1,000만 원이라도 고객에게 10억 원의 가치를 제공할 수 있다면, 판매 가격을 1억 원이든 5억 원이든 책정한다는 개념이다. 고객 가치 기준법을 적용하면 제공하는 가치에 따라 적절한 이익을 올릴 수 있다.

이렇게 단가를 책정했다면, 그다음에 해당 단가로 고객에게 상품을 홍보할 영업이나 마케팅 채널을 확보할 수 있는지를 확인한다. 이때 CPA 전환당 비용나 CAC Customer Acquisition Cost, 일정 기간의 '(광고비+영업 인건비)÷확보한 신규 고객 수'로 산출하는 '고객 획득 비용'를 계속 낮출 수는 없고, 일정 수준 이상의 비용은 필요하다는 점을 잊지 말자.

예를 들어 리스팅listing 광고(검색 연동형 광고)를 통해 CPA 15만 원으로 상품에 관해 문의하거나 자료를 요청하는 잠재고객을 확보했고, 그 후에 영업 미팅을 1회 진행해서 수주율 25%를 달성했다고 하자. 이러한 이상적인 경우라도 CAC를 계산해보면 다음과 같은 비용이 들어간다.

(CPA 15만 원÷수주율 25%)+(시간당 영업 인건비 5만 원×이동, 미팅 시간 등을 합친 총 4시간÷수주율 25%)=140만 원

마찬가지로 페이스북 광고를 통해 CPA 3만 원으로 화이트 페이퍼 White Paper, 기업이 가진 문제와 요인을 분석해 솔루션을 정리한 마케팅 문서 다운로드 100

건을 달성했고, 그중 5건이 영업 미팅으로 이어져, 1건의 수주를 받았다고 했을 때, 필요한 CAC는 다음과 같다.

(CPA 3만 원×100건)+(시간당 영업 인건비 5만 원×이동, 미팅 시간 등을 합친 총 4시간÷수주율 20%) = 400만 원

여기에 박람회나 이벤트를 통해 고객을 모아, 마케팅 자동화MA, Marketing Automation 툴이나 인사이드 영업Inside Sales을 통해 잠재고객으로 육성하여, 검토 단계로 발전시키고, 해당 잠재고객과 영업 미팅을 진행하는 B2B 마케팅 모델을 적용한다면, CAC는 최소 500만 원 정도 들어간다.

물론 자기 회사는 입소문과 기존 고객들의 추천으로 일을 확보하고 있어서, 광고비는 들지 않고 수주율도 50% 이상이라고 말하는 사람도 있을 것이다. 하지만 사업을 확장하기 위해 채널을 늘리려면 광고비는 반드시 들어가기 마련이고, 수주율은 대부분 20~30% 이하로 떨어진다.

따라서 GTM 단계에서는 일정 수준 이상의 CAC는 들어갈 수밖에 없다고 전제하고, 고객 1명당 거래 가격을 얼마나 높일 수 있을지 생각해야 한다.

가끔 상품은 PMF를 달성했고 고객 만족도도 높은데, 고객 거래 단가가 낮아서 광고나 영업에 투자하지 못하고 제자리걸음만 하는 기업을 볼 때가 있다.

사업 확장을 위해 상품을 널리 알리고 브랜드를 구축하고 영업사원을 늘리려면, 당연히 비용이 발생한다. 비용을 마련할 여유가 없으면 고객을 늘릴 수 없다는 사실을 명심하자.

페이스북의 초기 투자자로 유명한 미국의 기업인 피터 틸은 그의 저서 《제로 투 원Zero To One》을 통해 이런 의견을 밝혔다.

> 예를 들어 편의점 사장을 위한 재고 및 발주 관리 소프트웨어를 개발했다고 하자. 해당 소프트웨어의 잠재고객은 중소기업이기 때문에, 이용료가 연간 1,000달러라면 해당 서비스를 제공할 효과적인 판매 채널이 없을 수 있다. (…) 텔레비전 채널에 광고를 할 경우, 애당초 편의점 사장만 보는 텔레비전 채널이 없기 때문에 광고 범위를 필요 이상으로 넓게 잡아야 한다. 반면에 편의점 전문 잡지에 광고를 내는 경우, 그걸 보고 1년에 1,000달러나 하는 상품을 사는 사람은 없을 것이기 때문에 효율이 낮을 수밖에 없다.

편의점 사장들이 재고와 발주를 관리하는 일에 어려움을 느낀다는 사실을 알고 소프트웨어를 개발했다 하더라도, 목표 도달 비용이 많이 들면 이익이 생기지 않는다. 다시 말해 비즈니스가 성립하기 어렵다는 의미다.

피터 틸은 이런 현상이 일어나는 구간을 데드존Dead zone이라고 부른다([그림 3-4]).

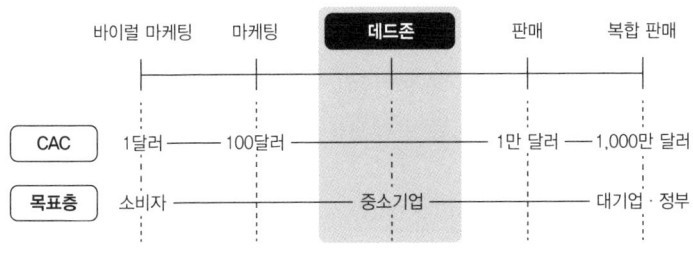

[그림 3-4] 피터 틸의 데드존

Growth(성장)

Fit Journey의 마지막 단계는 Growth다. GTM 단계에서 유닛 이코노믹스에 맞는 채널을 발견했다면, 그다음에는 해당 채널을 확대·재생산할 방법을 생각해야 한다.

Growth는 이른바 사업 확장 단계라 할 수 있으며, 이때는 **영업과 마케팅에 대한 투자만이 아니라, 조직 확장에 맞춘 직원 채용과 육성까지 시야를 넓혀야** 한다.

PMF를 찾은 상품을 확보했고 GTM도 명확해졌지만, 엔지니어를 채용하지 못해서 사업이 정체되어 있다고 토로하는 기업이 생각보다 많다. 이때는 엔지니어 채용 경쟁력을 높이는 전략이 Growth를 위한 중요한 요소가 된다.

또한 인적 서비스 요소가 포함된 상품인 경우, 해당 서비스를 제공하는 사람들을 채용하고 육성하는 데 문제를 겪는 일이 많다.

예를 들어 한 대기업 전체 부문이 사용할 마케팅 DX 지원 SaaS를 개발했다고 하자. 직원들이 새로운 프로그램에 적응하도록 돕는 온보딩On-Boarding 과정과 추가 서비스에 관해 설명해줄 인력이 필요하지만, 전체 부문의 마케팅 DX를 지원할 수 있는 인재를 채용하고 육성하는 일은 결코 쉽지 않다.

어려운 만큼 이 부분을 해결한다면 확실한 경쟁 우위를 확보할 수 있겠지만, 그만큼 Growth를 방해하는 걸림돌이라는 뜻이기도 하다.

사업은 지금까지 설명한 Fit Journey의 6단계를 거치면서 성장한다. 4장에서는 PMF를 달성하기 위한 핵심, 가치 제안Value Proposition에 대해서 살펴보자.

4장
PMF 달성의 핵심! 가치 제안

PMF를 달성해가는 과정에서 빼놓을 수 없는 요소가 '가치 제안Value Proposition'이다. 이 장에서는 가치 제안의 개요, 구성하는 방법, 흔히 범할 수 있는 실수에 대해 살펴보자.

명확한 가치를 제안하라

가치 제안이란?

가치 제안은 **자사는 제공할 수 있지만 경쟁사는 제공할 수 없는, 고객이 원하는 독자적인 가치**로 정의할 수 있다([그림 4-1]). 고객에게 제안하는 가치가 명확할수록, 사업의 방향성도 확실해지고 적절한 마케팅 메시지를 도출할 수 있다. 그렇게 되면 영업사원은 상품에 관해 쉽게 설명할 수 있고, 당연히 고객에게 선택받을 확률도 올라간다. 따라서 가치 제안은 PMF 달성과 사업 성공에 없어서는 안 될 요소이다.

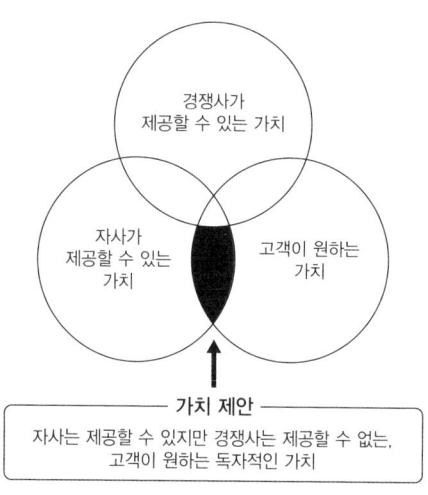

[그림 4-1] 가치 제안

가치 제안의 핵심은 다음과 같다.

1. 고객이 원하는 가치와 자사가 제공할 수 있는 가치를 일치시킨다.
2. 경쟁사가 제공할 수 없는 자사만의 독자적인 가치를 제공한다.

애당초 '고객이 원하는 가치와 자사가 제공할 수 있는 가치가 일치' 하지 않으면, 고객은 검토 자체를 하지 않는다.

또한 '경쟁사가 제공할 수 없는 자사만의 독자적인 가치를 제공'하지 못하면, 경쟁사와 비교되어 가격 경쟁이 벌어지거나 수주율이 떨어지게 된다.

제안할 가치의 우선순위

가치 제안은 신사업 개발이나 마케팅 업계에서는 나름 유명한 용어라, 나 역시 오래전부터 알고는 있었다. 하지만 뼈아픈 실패를 경험하고 나서야, 비로소 가치 제안의 심오함과 활용법을 깨달을 수 있었다.

지금부터 우리 회사가 경험한 사례를 바탕으로 가치 제안의 개념을 살펴보자.

저자가 경영하는 '사이루'의 사례

내가 2016년 7월에 창업한 '사이루才流'는 기업과 프리랜서를 매칭해주는 서비스를 제공하는 회사였다. 알고 지내던 경영자나 사업 책임자들이 하나같이 입을 모아 "괜찮은 사람이 없다"라고 토로하는 모습을 보고, 사업의 힌트를 얻었다.

당시 시장에는 우수한 프리랜서가 많았다. 나는 그들을 모아 기업과 이어주는 서비스가 하나의 사업이 될 거라는 가설을 세우고 서비스 개발을 시작했다.

당시 기업과 프리랜서를 이어주는 서비스 분야에는 크라우드웍스Crowdworks나 랜서스Lancers 같은 선행 기업이 다수 존재했다. 후발 주자로 시장에 뛰어든 사이루는 선행 기업들과의 차별화와 독자적인 강점에 중점을 두고 개발을 진행했다.

기획부터 출시까지 약 1년 정도의 시간을 투자한 결과, '자사가 제공할 수 있는 가치'와 '경쟁사가 제공할 수 없는 가치'는 명확하게 구분할 수 있었다. 하지만 정작 가장 중요한 '고객이 원하는 가치'를 제공하지 못했다.

돌이켜보면 당시 경쟁사와의 차이, 경쟁사의 약점, 자사의 독자성에 관한 논의만 거듭했을 뿐, 정작 고객이 원하는 가치에 관한 논의는 거의 하지 않았다.

당연한 말이지만, 고객이 원하는 가치를 제공하지 못하면 상품은 팔리지 않는다. 결국 사이루는 수주를 받지 못해서 은행 잔고가 순식간에 줄어드는 상황에 내몰렸다.

그 시절 나날이 줄어드는 은행 잔고를 보면서, 고객에게 제안할 가치에도 우선순위가 있다는 사실을 몸소 체험했다([그림 4-2]).

① 고객이 원하는 가치
② 자사가 제공할 수 있는 가치
③ 경쟁사가 제공할 수 없는 가치

가치 제안을 구성하는 순서

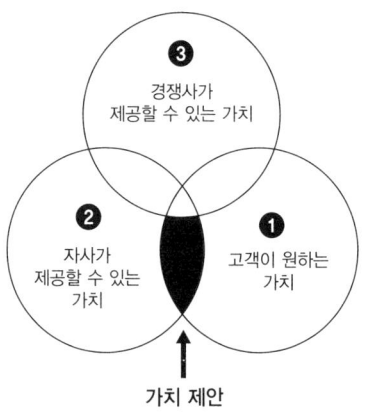

[그림 4-2] 제안할 가치에는 우선순위가 있다.

다행히 우선순위를 깨닫고 난 후에는 은행 잔고가 더 이상 줄어들지 않았다. 비록 기업과 프리랜서를 이어주는 서비스는 종료했지만, 이후 사업에서는 고객에게 명확한 가치를 제안할 수 있게 되었다.

가치 제안에서 빠지기 쉬운 함정

앞에서 설명했듯이 가치 제안이라는 개념이나 사고방식 자체는 이미 세상에 널리 알려져 있다. 그런데도 나처럼 고객이 원하지 않는 상품을 만들어서 뼈아픈 실패를 경험하는 창업자나 사업 책임자가 여전히 많은 이유는 뭘까?

사실은 고객에게 제안할 가치를 구성하는 과정에서 자칫 빠지기 쉬운 함정이 3가지 있다.

함정1 무조건 자기 생각만 앞세운다.
함정2 기존 자산을 중심으로 생각한다.
함정3 자사의 역량을 정확히 파악하지 못한다.

함정1 무조건 자기 생각만 앞세운다

첫 번째로 빠지기 쉬운 함정은 '무조건 자기 생각만 앞세우는 자세'다. 다음에 언급한 요인들을 중시하다 보면, 어느새 '① 고객이 원하는 가치'는 뒷전으로 밀려나게 된다.

- 자신의 경험이나 생각
- 경쟁사가 제공하는 서비스에 대한 문제점 분석
- 기술의 최신성
- 미래 예상이나 시장 트렌드 예측

창업자나 사업 책임자가 어떤 경험을 했고 어떤 생각을 하든, 경쟁사의 서비스에 어떤 단점이 있든, 자사의 상품에 어떤 최첨단 기술을 적용하든, 앞으로 다가올 변화의 흐름(예를 들면 탈자본주의, 웹 3.0, 블록체인, DX 등)을 얼마나 정확히 예측해서 잘 대응하든 상관없이, 결국 **고객이 원하지 않으면 아무런 의미가 없다.**

함정2 기존 자산을 중심으로 생각한다

현재 가지고 있는 자산을 중심으로 생각하다가 함정에 빠지기도 한다. 고객 데이터베이스, 기술, 영업망, 마케팅 노하우 같이 이미 소유하고 있는 자산이 있으면, 일단은 그 자산을 활용해야 한다는 생각이 들기 마련이다. 그러다 보면 '① 고객이 원하는 가치'와 일치하지 않는 상품을 만들기도 한다.

가진 자산이 많을수록, 성숙기에 접어든 산업이나 기업일수록, 이런 함정에 빠지기 쉽다.

그 결과 '② 자사가 제공할 수 있는 가치'와 '③ 경쟁사가 제공할 수 없는 가치'를 먼저 생각해, 독자적인 차별화에는 성공했을지언정, 결국 '고객이 원하지 않는 상품'을 기획해버린다.

함정3 자사의 역량을 정확히 파악하지 못한다

세 번째로 자사의 역량을 정확히 파악하지 못하는 실수를 저지르기도 한다. '① 고객이 원하는 가치'는 찾았지만, 대응할 범위를 지나치게 넓게 잡아서 고객에게 '② 자사가 제공할 수 있는 가치'를 충분히 전달하지 못하는 경우이다.

대부분 '① 고객이 원하는 가치'는 하나가 아니라 여러 가지다. 세그먼트마다, 회사마다 천차만별이다.

물론 '① 고객이 원하는 가치'에 폭넓고 세세하게 대응할 수 있으면 좋겠지만, 모든 니즈에 다 대응하기에는 자사의 역량capability, 즉 기업이 발휘할 수 있는 지속적 능력에 한계가 있다.

예를 들어 서비스형 소프트웨어SaaS를 제공하는 회사가 일본계 대기업을 대상으로 판매 확대를 계획했다고 하자. 말이 쉬워 '일본계 대기업'이지, 당연히 업계, 비즈니스 모델, 기업 문화, 내부 업무 체계가 전부 다르다. 고객이 원하는 가치나 기능은 여러 분야에 걸쳐 있으므로, 아무리 역량이 뛰어나도 전부 대응할 수는 없다.

따라서 **반드시 어떤 세그먼트와 어떤 니즈에 대응할지를 확실하게 정해야 한다**. 이때 만약 자사가 대응할 수 없는 니즈에 대해 결정할 경우, 깨끗하게 포기할지, 아니면 다른 방법을 찾아 대응할지를 결정해야 한다. 예를 들면 API Application Programming Interface, 응용 프로그래밍 인터페이스를 개방하여 외부 협력사를 구할 수도 있다. 이럴 때는 협력사의 역량까지 포함하여 '② 자사가 제공할 수 있는 가치'를 제안한다.

취사선택을 하지 않고 모든 니즈에 대응하고 싶더라도, 애초에 모든 기능을 다 개발하기는 불가능하다. 또 기능이 많아지면 영업사원이 제품의 기능과 가치를 제대로 설명하지 못하고, 마케팅 부문에서 소구 메시지를 도출하지 못하며, 고객 지원 담당자도 고객을 제대로 지원하지 못하게 된다.

함정을 피하는 방법

그렇다면 앞에서 설명한 3가지 함정에 빠지지 않으려면 어떻게 해야 할까?

첫 번째 함정인 '무조건 자기 생각만 앞세운다'와 두 번째 함정인 '기존 자산을 중심으로 생각한다'를 피하는 방법은 간단하다. 가치 제안의 우선순위를 철저하게 지켜서, '① 고객이 원하는 가치'부터 생각하면 된다.

① 고객이 원하는 가치
② 자사가 제공할 수 있는 가치
③ 경쟁사가 제공할 수 없는 가치

'① 고객이 원하는 가치'를 찾기 위한 접근 방법은 고객 인터뷰, 관찰, 영업, 고객과의 협업, 데이터 분석, 설문조사 등과 같이 다양하다. 이 방법들을 하나하나 꼼꼼하게 실천하면서 찾아갈 수밖에 없다.

또한 세 번째 함정인 '자사의 역량을 정확히 파악하지 못한다'로부터 생기는 문제는 **고객이 원하는 가치를 'Must have'와 'Nice to have'로 나누면 해결**할 수 있다.

고객이 원하는 가치가 업무 추진에 있어서 'Must have 반드시 있어야 하는 것'인지, 'Nice to have 있으면 좋은 것'인지를 파악해서, 'Must have'를 중심으로 제안할 가치를 구성하자.

'Must have'에 대응할 수 있는 가치를 제안하면, 영업이나 마케팅의 효율이 높아지고, 자사의 제품을 고부가가치를 가진 고가의 스테디셀러 상품으로 만들 수 있다.

확실한 가치를 제안하려면

이 장의 내용을 종합하는 의미에서, 가치 제안을 비롯한 고객 중심 상품 개발에 관해 자주 듣는 질문 2가지와 답변을 정리했다. 제안할 가치를 찾지 못해 고민하고 있을 당신에게 작은 힌트가 되길 바란다.

질문① 고객은 자신이 무엇을 원하는지 모르는 건 아닐까요?

자동차 대중화의 문을 연 헨리 포드는 "만약 고객에게 무엇을 원하는지 물었다면, 그들은 더 빠른 말을 갖고 싶다고 대답했을 것이다"라는 말을 남겼다. 또한 애플Apple의 창업자 스티브 잡스는 "대부분 사람은 형태를 갖추어 보여주기 전까지 자신이 무엇을 갖고 싶어 하는지 모른다"라고 말했다.

그래서 때로는 그들의 말을 인용해, "고객은 자기가 무엇을 원하는지 모르기 때문에, 고객이 원하는 가치를 사전에 조사해봤자 의미가 없다"라거나 "시장 지향Market in적인 발상만이 아니라, 상품 중심Product out적인 발상도 중요하다"라는 지적을 받기도 한다.

하지만 여기서 주의할 점은 **'고객이 무엇을 원하는지 묻는 것'과 '고객이 원하는 가치를 제공하는 것'은 다르다**는 것이다. 질문을 하든, 관찰을 하든, 산책하며 기발한 아이디어를 떠올리든, 어떤 방법을 쓸지는 자유다. 하지만 어떤 방법을 쓰든, 반드시 고객이 원하는 가치를 제공해야 한다.

헨리 포드는 고객에게 무엇을 원하는지 직접 '묻지는 않았'지만, '더 빨리 이동하고 싶다'라는 '① 고객이 원하는 가치'를 제공했다. 스티브 잡스 역시 고객에게 무엇을 원하는지 직접 '묻지는 않았'

을 것이다. 하지만 '언제 어디서나 타인과 소통하고 정보를 이용하고 싶다, 주머니에 넣고 다닐 수 있는 인터넷 기기를 갖고 싶다'라는 '① 고객이 원하는 가치'를 제공했다.

질문② 하고 싶은 일을 해야 오래 할 수 있지 않나요?

"고객이 원하는 가치를 제공하느라 원래 제가 하고 싶었던 일을 하지 못하면, 결국 질리지 않을까요?" "사업은 성장하고 돈이야 벌겠지만, 그래서야 무슨 의미가 있나요?" 이렇게 말하는 사람들이 있다.

확실히 자신의 Will 하고 싶은 일을 덮어둔 채로 상품을 개발하고 사업과 조직을 운영하면 오래가기 힘들고, 자신의 Will과 일치하지 않는 사업은 단기적으로는 돈을 벌더라도 중장기적으로는 큰 가치를 만들지 못할 것이다.

이 문제를 해결하려면, 자신의 Will을 하나의 큰 방향성으로 인식하고, 그 안에서 다음에 제시한 가치를 구성해서 제안하는 수밖에 없다.

① 고객이 원하는 가치
② 자사가 제공할 수 있는 가치
③ 경쟁사가 제공할 수 없는 가치

어떻게 Will과 가치 제안이 교차하는 지점을 찾아내서 어떤 식으로 설계하는지에서, 창업자와 사업 책임자의 능력이 드러난다. 일본에는 '로망과 주판'이라는 말이 있다. 어느 한쪽에 치우지지 말고, **로망(꿈)과 주판(현실)의 균형을 유지할 수 있도록 항상 노력해야 한다.**

지금까지 가치 제안의 중요 포인트를 살펴보았다. 사실 나는 2016년에 창업했던 프리랜서 매칭 서비스만이 아니라, 전에 다니던 회사에서도 신사업 부문에서 일했다. 하지만 당시 몇 가지 서비스를 기획했다가, 수천만 엔 단위의 손실을 냈다.

다시 말해 사원으로 일했던 2년 동안, 그리고 창업하고 나서도 1년 이상은 올바른 가치를 제안하는 법을 알지 못했다. 창업하고 하루하루 줄어가는 은행 잔고를 보며 제 살을 깎아 먹는 아픔을 겪고 나서야, 비로소 앞에서 설명한 사실들을 깨달을 수 있었다.

지금은 가치 제안의 우선순위를 철저하게 지키고 있지만, 아마 2016년의 나는 이 책을 만났어도 대충 흘려 읽었을 것이다.

당시 선배 창업자나 사업 책임자들이 적당히 에둘러서 '고객의 니즈가 없을 테니까 그만두는 편이 좋겠다'라고 여러 번 조언했지만, 전혀 신경 쓰지 않았으니 말이다.

요즘 사업 상담차 나를 찾아오는 후배 창업자나 사업 책임자들을 보면, 그때의 나와 똑같다. 내가 아무리 '이 상품은 고객의 니즈가 없을 테니 그만두는 편이 좋겠다'라고 완곡하게 돌려 말해도, 그들은 한 귀로 듣고 한 귀로 흘려보낸다.

가치 제안의 우선순위는 내가 수많은 실패를 경험하면서 얻어낸 값진 교훈 중 하나다. 그래서 나 역시 항상 경계하고 조심하자는 마음으로 이 책에 기록을 남겨둔다.

5장에서는 고객에게 제안할 명확한 가치를 찾고 PMF를 달성하기 위한 포인트를 '사람'과 '조직'이라는 관점에서 살펴보자.

5장
PMF 달성을 위한 조직

PMF를 달성하려면 어떤 사람이 사업을 시작해야 하는지, 조직이 무엇에 힘을 쏟아야 하는지도 상당히 중요하다. 5장에서는 PMF 달성을 '사람'과 '조직'에 초점을 맞춰 살펴보자.

창업자의 자격

창업을 하거나 기업 내부에서 신사업을 추진할 때, 누가 담당해야 성공할 확률이 높아질까? 스콧 셰인은 창업의 성공 조건에 관한 연구를 소개한 그의 저서 《창업이라는 이름의 환상 The Illusions of Entrepreneurship》에서 이렇게 정리했다.

- 대학(가능하면 대학원)을 졸업하고
- 사업 경험이 10년 정도 있으며
- 되도록 관리자 경험도 있는 사람이
- 자신이 경험해본 산업 분야에서
- 성장과 이익 획득을 목적으로 창업을 하고
- 사업 계획과
- 마케팅 계획을 세운 다음
- 가격 경쟁이 아니라 품질에 승부를 건 사업으로
- 무리해서 다각화를 꾀하지 않고
- 자본금을 충분히 확보해
- 자금 운용에 주의하며 경영해야 한다.

스콧의 책에는 이처럼 가차 없이 냉정한 항목들이 나열되어 있다. 이 중에서 **핵심은 '사업 경험 10년 정도'와 '자신이 경험해본 산업 분야'라는 항목이다.**

기업 내부에서 실시하는 신사업 경연대회에 이제 막 입사한 대졸 신입사원이 아이디어를 내는 경우나, 젊은 임원 후보생들로 구성된 신사업 팀이 사업을 추진하는 경우가 있다. 물론 그 자체로는 문제가 되지 않지만, 이런 경우 '사업 경험 10년 정도'를 가지고 '자신이 경험해본 산업 분야'에서 사업을 추진해야 한다는 조건을 맞추기는 매우 어렵다.

은행에서 법인 대상 융자를 담당하는 한 지인에게, 독립해서 바로 매출과 이익을 내는 회사는 어떤 곳인지를 물은 적이 있다. 그는 기존 회사에서 하던 일과 같은 일을 해서 필요하면 고객을 끌어올 수 있는 회사가 비교적 순탄하게 성공한다고 대답했다.

9장에서 소개할 우리 회사(사이루)의 PMF 달성 과정만 돌이켜봐도 확실히 그랬다. 전에 몸담았던 산업 분야에서 사업을 시작한 덕분에, 고객의 니즈와 문제나 경쟁사의 동향에 대해 빠삭하게 알고 있었던 만큼, 사전에 세운 가설에서 많이 벗어나지 않으면서 사업을 궤도에 올릴 수 있었다.

세상은 메타Meta의 마크 저커버그나 마이크로소프트Microsoft의 빌 게이츠 같이 젊은 나이에 큰 성공을 거둔 창업자에게 주목하기 마련이다. 하지만 사실 미국의 창업자 중 성공 확률이 가장 높은 나이대는 40대 중반이고, 벤처 캐피털의 자금도 40대 이상의 베테랑 창업자 쪽으로 몰리는 경향이 있다.

우리가 직감적으로 상상하는 수준 이상으로, **'경험'은 신사업 성공에 큰 영향을 미친다.**

신사업의 성공을 좌우하는 '해상도'

앞에서 설명한 이야기를 종합하면, 신사업의 성공 포인트는 '해상도'라고 할 수 있다.

해상도는 컴퓨터 디스플레이에 표시되는 전체 화소 수를 의미하며, 쉽게 말해 '얼마나 선명하게 표시해주는지'를 나타낸다. 해상도의 개념을 신사업에 적용하면, **고객, 시장, 경쟁사, 조직 운영에 대한 해상도가 높은 사람이 해상도가 높은 영역에서 사업을 시작해야 성공할 확률이 높다**고 말할 수 있다.

우리 회사에서는 해상도와 관련해서 [그림 5-1]과 같은 표현으로 설명한다.

[그림 5-1] 해상도에 따른 차이

  고객이나 업계에 관한 파악에 있어 해상도가 낮은 창업자와 해상도가 높은 창업자가 내놓는 기획, 아이디어, 의사결정의 질은 두말할 필요 없이 차이가 난다. 당연히 해상도가 높을수록, 의사결정이나 전략 실행의 정밀도가 높고 추진 속도도 빠르다.

  예를 들어 고객 확보를 위한 마케팅 전략을 세울 때도, 고객에 대한 해상도가 높으면 어떤 채널을 통해, 어떤 콘텐츠를 만들어서, 어떤 메시지를 전달해야 하는지가 명확하게 보인다.

  반면 해상도가 낮으면 인터넷 광고가 좋을지, 박람회 참가가 좋을지, 사례집을 만들어야 할지, 노하우를 정리한 자료를 만들어야 할지 판단하지 못하고, 광고 문구도 떠오르지 않아서, 결정할 때까지 시간과 비용이 더 들어간다.

  우리 회사에서는 마케팅을 지원할 때 [그림 5-2]를 활용해 고객에 대한 해상도를 높이는 일이 얼마나 중요한지를 설명한다.

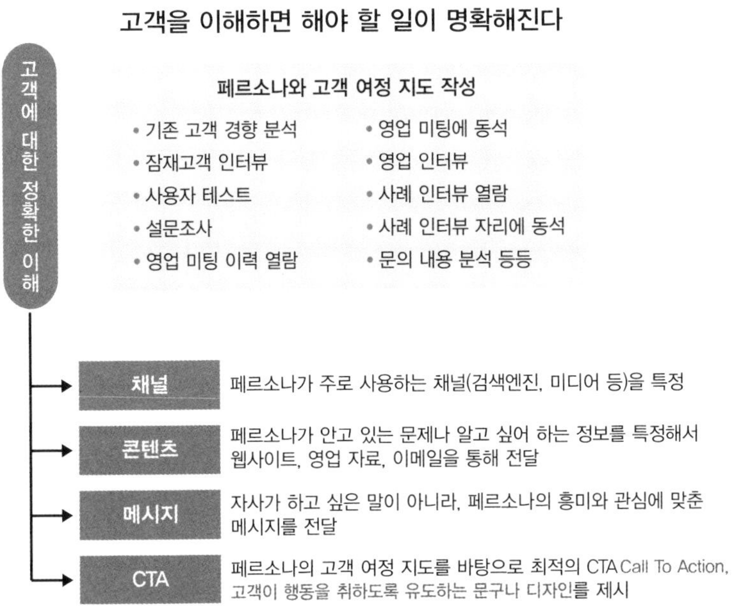

고객을 이해하면 해야 할 일이 명확해진다

고객에 대한 정확한 이해

페르소나와 고객 여정 지도 작성
- 기존 고객 경향 분석
- 잠재고객 인터뷰
- 사용자 테스트
- 설문조사
- 영업 미팅 이력 열람
- 영업 미팅에 동석
- 영업 인터뷰
- 사례 인터뷰 열람
- 사례 인터뷰 자리에 동석
- 문의 내용 분석 등등

채널: 페르소나가 주로 사용하는 채널(검색엔진, 미디어 등)을 특정

콘텐츠: 페르소나가 안고 있는 문제나 알고 싶어 하는 정보를 특정해서 웹사이트, 영업 자료, 이메일을 통해 전달

메시지: 자사가 하고 싶은 말이 아니라, 페르소나의 흥미와 관심에 맞춘 메시지를 전달

CTA: 페르소나의 고객 여정 지도를 바탕으로 최적의 CTA Call To Action, 고객이 행동을 취하도록 유도하는 문구나 디자인를 제시

[그림 5-2] 고객을 정확하게 이해해야 하는 이유

이는 마케팅만이 아니라 신사업을 추진할 때도, 다음에 제시한 항목 모두와 관련이 있다.

- 어떤 고객 니즈에 대응할 것인가.
- 어떤 기능을 개발할 것인가.
- 경쟁 우위는 어떻게 확보할 것인가.
- 진입 장벽을 어떻게 구축할 것인가.
- 누구에게 영업할 것인가.
- 영업할 잠재고객의 정보를 어떻게 확보할 것인가.
- 영업과 마케팅 조직을 어떻게 구성할 것인가.

이 질문들에 관해 높은 해상도를 가지고 대답할 수 있다면, 당연히 신사업은 성공할 확률이 높다. 다시 말해 '해상도가 높은' 경험이 풍부한 사람이 자신이 잘 아는 영역에서 사업을 추진하여, 고객 확보 방법도 알고 있고 관리자 경험도 있어서 조직 확대에도 대응할 수 있으면, 그 사업은 성공할 확률이 높다. 연쇄 창업가serial entrepreneur나 사장 직속으로 추진하는 신사업이 성공하는 경우가 많은 이유가 여기에 있다.

반면 경험이 부족한 사람이 잘 모르는 영역에서 사업을 추진하여, 고객 확보 방법도 모르고 관리자 경험도 없어서 조직을 확대하는 방법도 처음부터 배워야 하는 상황이라면, 사업의 난이도가 비약적으로 높아진다.

나중에 적합한 인재를 채용하면 된다고 말하는 사람도 있지만, 현실적으로 채용은 사업 아이템과 지급할 수 있는 급여 수준, 조직이 가진 채용 능력에 달려 있기 때문에, 매번 사업을 시작할 때마다 마음먹은 대로 된다고 단언할 수 없다.

벤처 캐피털 기업 구글벤처스Google Ventures, 현재 사명은 GV의 한 분석가는 구글벤처스로부터 자금을 투자받은 창업자가 성공할 확률은 15%이며, 한 번 실패하고 재기했을 때 성공할 확률은 16%, 한 번 성공하고 두 번째 창업했을 때 성공할 확률은 29%라고 분석했다
(https://www.fastcompany.com/1826876/googles-creative-destruction).

즉 성공한 창업자는 그만큼 창업에 대한 해상도가 높아져서 다시 성공할 확률도 높아진다. 실패한 창업자는 경험을 통해 실패 사례와 빠지기 쉬운 함정이 무엇인지는 배울 수 있어도, 어떻게 하면 잘될 수 있는지는 배우지 못하는 모양이다.

한 투자자는 고객 개발 방법론가설과 검증을 통해 고객을 찾아가는 방법이나 린 스타트업lean startup, 단기간에 제품을 만들고 성과를 측정해 개선하는 것을 반복하여 성공 확률을 높이는 경영 방법 같은 창업 관련 이론을 몰라도 업계 경력이 20년에 달하고 업계 해상도가 높은 사람이, 창업 관련 이론에 빠삭하고 머리가 좋아서 일은 잘하지만 업계 경력은 많지 않은 사람보다 성공할 확률이 높다고 지적했다.

실제로 한 상장 기업은 신사업을 추진할 때 해당 영역의 전문가를 채용해서 사업 책임자나 엔지니어와 함께 비즈니스 모델을 개발하도록 한다. 해상도를 높이는 것이 아니라, 해상도가 높은 사람을 팀에 넣는 방식으로 PMF를 달성하겠다는 발상이다.

이렇게 해상도가 높은 영역에서 신사업을 추진하거나 해상도가 높은 사람을 채용할 수 있다면 좋겠지만, 현실에서는 그러지 못할 때도 있다.

또한 한번 성장 궤도에 올라선 사업이라도, 사회 환경이나 고객 니즈가 바뀌면 상품이나 목표 고객층을 다시 검토해야 하고, 해당 분야에 대한 해상도를 다시 높여야 할 수도 있다.

해상도를 높이는 16가지 방법

앞에서는 '해상도를 높여야 한다'고 한마디로 쉽게 말했지만, 사실 해상도를 높이려면 상당한 노력이 필요하다. 해상도를 올리는 비책이나 특별한 비법 같은 특효약은 없다. 끊임없는 노력이 필요할 뿐이다.

우선 그런 마음가짐을 바탕에 두고, 지금부터 조직이 고객이나 업계에 대한 해상도를 높일 수 있는 구체적인 방법 16가지를 살펴보자.

1. 직접 사용해보기

일단 자신들이 개발한 상품을 직접 사용해봐야 한다. 한 사람의 사용자 내지 고객으로서 직접 상품을 사용해보면, 다음과 같은 것을 알 수 있다.

- 상품의 장단점
- 이용하다가 막히는 부분
- 상품을 이용해서 얻을 수 있는 효과
- 상품을 이용하는 과정에서 자신에게 나타나는 행동, 감정, 인식의 변화
- 구매욕을 불러일으키는 가치의 존재 여부

이때 되도록 **자비로 자사의 상품을 구매하는 것이 좋다.**

다만 B2C 상품이라면 쉽게 사서 써볼 수 있지만, B2B 상품은 상품의 전체 기능을 직접 이용해보거나 스스로 고객이 되기 어려울 때가 많다.

예를 들어 카메라나 칫솔, 청소기 같은 B2C 상품이라면, 사장이나 상품 개발자가 한 사람의 소비자가 되어 직접 사용해보면 어느 부분이 불편한지, 어떤 기능이 더 필요한지를 깨달을 수 있다. 또한 가까운 지인에게 정보를 얻거나 의견을 묻기도 쉽다.

하지만 만약 공사 관리 시스템이나 반도체 같은 B2B 상품이라면, 사장이나 상품 개발자가 고객이 되어 직접 체험해볼 수가 없다. 또한 그런 시스템이나 제품을 구매한 고객에게 편하게 정보를 요청하거나 의견을 묻기도 어렵다.

이처럼 B2B 상품이라서 스스로 사용자나 고객이 되기 힘들 때는 고객과 같은 상황을 연출하는 방법을 쓸 수 있다. 클라우드 회계 소프트웨어 서비스를 제공하는 기업 프리freee는 고객의 문제를 이해할 수 있도록, 직원을 대상으로 '종이와 도장 기반의 경리 업무'를 체험하는 연수를 시행했다(〈고객을 더 깊게 이해하기 위해. 프리의 제품 마케팅 매니저PMM가 설계한 '종이와 도장 기반의 경리 업무' 체험 연수란?より深い顧客理解のために. freeeのPMMが設計した「紙とハンコベースの経理業務」体験研修とは?〉(https://note.com/freee_pmm/n/n76bd9a3fff87)).

자사 제품이 B2B 상품이라도, 최대한 고객의 입장이 되어보거나 고객이 처한 상황을 체험해보려는 자세가 중요하다.

2. 경쟁사 상품 사용해보기

해상도를 높이려면, 자사 상품만이 아니라 경쟁사 상품도 사용해봐야 한다. 그 과정에서 자사 상품의 장점은 무엇인지, 개선해야 할 부분은 무엇인지, 어떤 면이 경쟁사 상품을 선택하게 만드는지를 자세히 이해할 수 있다.

수프 전문점 수프 스톡 도쿄Soup Stock Tokyo는 수프를 떠먹는 스푼을 개발하면서, 전국에 있는 모든 스푼을 모아서 전 직원이 수프를 먹고 또 먹었다고 한다. 스스로 고객이 되어 수프를 가장 맛있게 먹을 수 있는 스푼을 몸으로 느끼며 찾아낸 결과, 수프 전용 '스푼 포 수프Spoon for Soup'가 탄생할 수 있었다(노자키 와타루, 《내가 가지고 싶은 것만 만든다!自分が欲しいものだけ創る!》).

3. 인터뷰하기

뒤에서 설명할 설문조사 같은 정량적 조사나 구글 애널리틱스Google Analytics, 광고 어카운트 등의 정량적 데이터만이 아니라, **인터뷰를 통해 듣는 잠재고객과 기존 고객의 생생한 목소리, 즉 정성적 데이터**도 고객에 대한 해상도를 높여준다.

물론 정량적 데이터도 해상도를 높여주지만, 인터뷰 같은 정성적 조사를 함께 시행하면 정밀도가 높은 정보를 더 빠르게 얻을 수 있다.

나도 한때는 정량적 데이터만 가지고 사업 전략이나 마케팅 전략 및 방법을 수립했다. 그러다 어떤 기회에 한 잠재고객과 상품 관련 인터뷰를 진행하게 됐고, 당시 놀랄 만큼 많은 정보를 얻을 수 있었다. 그 이후로는 정기적으로 고객과 인터뷰를 진행하고 있다. 지금은 사업이나 마케팅 관련 아이디어를 도출할 때, 고객의 목소리를 듣지 않고 진행하는 방식은 비효율적이라고 느낄 정도다.

인터뷰 전에는 다음과 같은 사항을 미리 정해두어야 한다.

- 목적
- 인터뷰 대상자
- 질문 내용
- 인터뷰할 인원수
- 인터뷰 대상자 모집 방법

다음의 기사 3편에 인터뷰 요령이나 주요 질문 항목에 관해 자세히 정리되어 있으니, 인터뷰 진행이 처음이라면 참고하기 바란다.

- 〈잠재고객 심층 인터뷰의 효과를 높여주는 26가지 체크리스트

- ─VisasQ 활용법見込み顧客へのデプスインタビューの効果を高める26のチェックリスト~ビザスク活用編~⟩(https://sairu.co.jp/method/2619/)
- ⟨고객을 이해하도록 돕는 잠재고객 인터뷰 시트顧客理解に役立つ、見込み顧客インタビューシート⟩(https://sairu.co.jp/method/2639/)
- ⟨기존 고객 인터뷰 항목 시트. 계약에 이르는 과정과 사용자 정보 수집 방법까지既存顧客へのインタビュー項目シート。契約に至るプロセス・ユーザーの情報収集方法まで⟩(https://sairu.co.jp/method/2599/)

해상도를 높이기 위한 모든 노력에 해당되는 핵심은, 인터뷰든 다른 방법이든 일회성 이벤트로 끝내지 말고 조직 시스템으로 정착시켜야 한다는 점이다.

분기별 1회나 반기별 1회 같이 정기적으로 실시하는 규정을 만들어도 좋고, 제품의 기능을 개발하거나 마케팅 메시지를 기획하는 업무 프로세스에 '인터뷰하기'를 필수 과정으로 끼워 넣는 것도 좋다.

4. 고객 관찰하기

인터뷰와 함께 추천하고 싶은 방법은 **고객 행동 관찰하기**다.

세계 최고의 투자가 워런 버핏도 투자를 결정할 때는 직접 투자처의 서비스를 체험해보거나 해당 서비스를 이용하는 고객의 행동을 관찰한다고 한다.

워런 버핏이 미국의 금융회사 아메리칸 익스프레스American Express에 투자했을 때도, 길거리에 나가서 아메리칸 익스프레스가 고객에게 어느 정도 신뢰받고 있는지 파악한 후에 투자를 결정했다.

버핏은 오마하에 있는 단골 고급 술집에 가서 상황을 관찰했다. 그

가게에서 일반 손님들이 변함없이 아메리칸 익스프레스 카드로 결제한다는 사실을 확인했다.

_ 글렌 아놀드, 《워런 버핏의 거래: 최초의 1억 달러The Deals of Warren Buffett, Volume 1: The First $100M》

일반적으로 창업자나 사업 책임자들은 자칫하면 상품을 기획할 때 사무실 책상에 앉아서 대시보드 위의 수치를 보며 직원들과 회의만 거듭하기 쉽다.

하지만 만약 당신이 담당한 상품이 인터넷 서비스라면, 고객이 실제로 인터넷 서비스를 어떤 식으로 사용하는지, 평소에 컴퓨터를 어떻게 사용하는지를 관찰해야 한다. 가게 진열대에 놓이는 소비재라면, 고객이 실제 상품을 구매하는 모습이나 집에서 사용하는 모습에서 큰 힌트를 얻을 수 있다.

고객을 관찰할 때는 '고객이 한 말'이 아니라 고객이 실제로 하는 행동을 관찰해야 한다. 현실에서는 고객의 말과 행동이 다른 경우가 많다. 따라서 고객이 한 말을 그대로 믿지 말고, 행동이나 그 행동의 배경에 있는 심리를 파악하려는 노력이 필요하다.

그렇다면 고객은 어떻게 관찰하면 될까? B2C 상품과 B2B 상품으로 나누어 살펴보자.

B2C 상품

- 점포에 방문한다.
- 고객 자택에 방문한다.
- 고객 문의 전화나 메일에 대응한다.

B2B 상품
- 고객사에서 상주하거나 반쯤 상주하며 근무한다.
- 컨설팅이나 연수, 일부 서비스의 분할 판매, 개발 과정에서의 임시 수주 등과 같이 특정 서비스를 유료로 제공하면서 고객과 소통한다.

종합 취업정보회사 리크루트Recruit는 고객이 하는 업무를 이해하기 위해 업무 프로세스를 관찰하는 기회를 만들기도 했다. 이와 관련해 리크루트는 이렇게 설명했다.

> 우리의 강점은 다양한 업계 업무에 대한 지식을 가지고 있다는 점, 즉 '업계 숙지성熟知性'이다. (…) 우리는 철저한 현장주의다. 일주일 정도 고객의 가게 앞에 앉아서 관찰하거나 동영상을 찍어서 해당 업무 프로세스를 꼼꼼히 파악한다.
> 〈리크루트, '양질의 혼란'으로 재점화リクルート、「良質なカオス」で再点火〉
> (https://business.nikkei.com/atcl/gen/19/00348/091300002/)

또한 일본에서 이용하는 시설이 약 1만 2,000곳에 달하는 어린이집 및 교육 시설용 ICTInformation and Communications Technology, 정보 통신 기술 서비스 '코드몬CoDMON'을 제공하는 기업 코드몬CoDMON도, 관련 사업자 모두에게 양해를 구하고 현장을 견학해서 문제와 과제, 해결 방향을 조사한다고 한다(9장 참고).

5. 고객에게 영업하기

특히 B2B 상품의 해상도를 높이려면, 반드시 고객을 상대로 실제 영업을 해봐야 한다. 실제로 영업을 해보면 다음과 같은 사항을 파악할 수 있다.

- 고객의 마음을 움직이는 포인트
- 고객이 생각하는 가격 수준
- 고객의 검토 프로세스

이때 핵심은 최대한 진심으로 영업에 임하는 마음가짐이다. 실제 수주를 목표로 영업하다 보면, 고객이 어느 부분에서 망설이는지, 정말 구매할 마음이 있는지를 파악할 수 있다.

예를 들면 9장에서 소개할 운용형 텔레비전 광고 서비스를 제공하는 노바셀Novasell의 사례가 있다. 노바셀의 다베 마사키 대표는 1년간 500건의 영업 미팅을 진행하면서 고객에 대한 해상도를 높인 덕분에 사업을 급성장시킬 수 있었다고 한다.

6. 인터뷰나 영업 미팅을 촬영하여 시청하기

인터뷰, 관찰, 영업은 해상도를 높일 수 있는 효율적인 방법이지만, 여러 팀원이 함께 경험할 수 없다는 단점이 있다.

예를 들어 현장 담당자가 인터뷰를 진행한 뒤에 사장이나 사업 책임자에게 보고하는 방식은, 아무리 자세하게 설명한다고 해도 현장감이나 정보를 완벽하게 전달하기는 어렵다. 반대로 사장이나 사업 책임자가 직접 고객의 행동을 관찰하거나 영업을 하고, 그 내용을 상품 개발팀, 엔지니어, 디자이너에게 전달한다고 해도 똑같은 문제가 발생한다. 즉 같은 해상도를 공유한 상태로 조직을 운영할 수 없다.

그래서 나는 고객에게 양해를 구하고 인터뷰나 관찰, 영업하는 과정을 촬영한 다음, 해당 영상을 팀원들과 함께 보는 방법을 추천한다.

영상을 함께 보면 인원수 제한 없이 모두에게 현장감이 느껴지는 정보를 전할 수 있다. 이때 단순히 **영상 데이터만 공유하지 말고, 따로 시간을 마련해서 반드시 '시청회'를 가져야 한다.**

공유만 하면 필연적으로 본 사람과 보지 않은 사람이 생기고, 각자가 시청할 때 시차가 있으면, 서로가 같은 해상도를 갖추는 데도 시차가 발생한다. 결국 구체적인 행동으로 이어지는 것이 늦어질 수 있다.

청구서 수령 프로그램 '바쿠라쿠Bakuraku'를 제공하는 기업 레이어엑스LayerX는 실제 영업 미팅을 촬영한 영상을 시청하면서 팀 회의를 한다.

> 우리 회사는 예컨데 1시간 동안 영업 미팅을 진행하고 나면, 바로 팀 회의를 합니다. 고객에게 양해를 구하고 영업 미팅 상황을 촬영하면, 나중에 함께 보면서 부족했던 부분을 논의할 수 있어요. 이런 사이클을 얼마나 짧게, 빨리 돌리는지가 중요합니다.
> 스타트업뿐만 아니라 디지털 업계의 주요 기업들은 고객에게 얼마나 빨리 피드백할 수 있는지, 그 내용을 마케팅이나 기능 개발에 적용할 수 있는지를 두고 경쟁하죠. 그래서 저도 시간이 날 때마다 사용자 미팅 영상을 다시 돌려보곤 합니다.
>
> _ 〈레이어엑스의 후쿠시마 씨 '99%에게 거절당해도 좌절하지 않는다' LayerX・福島氏「99%にノーを突きつけられても折れない」〉(https://business.nikkei.com/atcl/gen/19/00298/060100004/?n_cid=nbponb_twbn)

7. 설문조사하기

잠재고객이나 기존 고객을 대상으로 설문조사를 하는 방법도 효과적이다. 대표적인 설문조사 방법에는 NPS순 고객 추천 지수와 고객 만족도 조사, 계약 해지 이유 조사가 있다.

다음에 제시한 고객 유형 중 해상도를 높이고 싶은 고객층에서 설문조사를 시행하면, 고객의 심리와 행동을 이해할 수 있다.

- 비인지 고객
- 고객
- 충성 고객
- 해지 고객

8. 도메인 전문가 고용하기

조직의 해상도를 높이기 위해, 이미 높은 해상도를 가진 사람을 조직 구성원으로 고용하는 방법도 있다. 즉 '도메인 전문가'를 고용하면 된다. '도메인 전문가'란 특정 영역이나 주제에 관해 뛰어난 정보력을 갖춰, 일반인보다 해당 분야에 관한 지식을 많이 보유한 인물을 말한다.

예를 들어 인사·노무 분야 서비스를 제공하는 회사에서는, 기업의 노무 담당자나 공인노무사 사무실에서 일했던 사람이 도메인 전문가다. 또한 복지 관련 서비스를 제공하는 회사에 복지 시설에서 일했던 사람이 있으면, 기능 개발이나 마케팅 메시지를 검토할 때 큰 도움이 된다.

실제 사례로 현재는 라쿠텐Rakuten의 중고 거래 쇼핑몰 '라쿠마

Rakuma'로 통합된 플리마켓 앱 '프릴Fril'이 있다. 프릴은 실제 사용자를 채용해서 개발 과정의 효율을 높였다.

> 프릴의 주요 고객층은 여성이라서, 우리가 직접 사용자가 될 수 없었습니다. 그래서 검증을 어떻게 해야 하나 고민하던 중에, 실제 사용자를 협업 직원으로 채용하게 됐죠. 지금 생각해도 정말 좋은 아이디어였습니다. 언제든지 편하게 의견을 물을 수 있었어요. 상품 디자인이 어떤지 묻기도 하고, 품질은 괜찮은지, 추가 기능이 기존 기능의 사용을 불편하게 만들지는 않는지 등등 다양한 부분을 확인하고 있습니다.
> 〈인기 비결은 '도그푸딩' ─ 다운로드 300만을 달성한 여성이 사랑하는 앱 '프릴'의 개발 비결: 오에도 스타트업 아카데미モテる秘訣は「ドッグフーディング」女子に愛され300万ダウンロードのフリマアプリFril開発秘話: 大江戸スタートアップアカデミー〉(https://ascii.jp/elem/000/000/966/966513)

나이키도 자사의 주요 고객인 운동선수를 직원으로 채용해, 함께 기획 회의를 진행하고, 제품 테스트 컨설턴트로서 아이디어를 제안하거나 문제점을 지적하도록 하고 있다.

9. 페르소나 만들기

사내에서 페르소나를 명확하게 정의하는 것도 좋은 방법이다. '페르소나Persona'란 '상품을 실제로 사용할 전형적인 사용자 유형'을 말한다. 페르소나를 설정해두면 그/그녀의 니즈에 맞춰 상품을 설계할 수 있고, 그/그녀의 정보 수집 행동이나 구매 행동에 맞춰 마케팅 전략을 설계할 수 있어서, PMF 달성을 앞당기는 효과가 있다.

만일 페르소나를 설정하지 않고 상품을 개발하거나 신사업을 시작하면, 사내에서 의견이 하나로 모이지 않아 부문별 혹은 직원별로 각자 다른 부분에 집중하게 되어, 결국 회사 전체의 효율이 떨어진다.

사업을 추진할 때는 우선 자사가 목표로 하는 페르소나를 정의하고, 어떤 기능을 갖춘 상품을 개발할지, 어떤 메시지를 어떤 채널을 통해 전달해서 인지도를 높일지에 관해, 팀 내부에서 먼저 의견 일치를 본 후에 진행해야 한다.

특히 회사나 사업 부문의 인원이 늘어나면, 팀원 모두가 고객을 직접 만나기 어려워진다. 이때 페르소나를 설정해두면, 팀 내부에 공감대가 생겨서 큰 도움을 받을 수 있다.

페르소나를 정의할 때는 주로 '나이, 성별, 직업, 매출 규모, 부서, 담당 업무, 평소 정보 수집 방법, 업무상 과제' 등을 고려하는데, 이때 직감에 의존하지 않도록 주의해야 한다.

'요즘 고객은 SNS에서 정보를 모으겠지', '회사가 매출 5천억 원 이상은 돼야 해결할 문제가 있지 않겠어?' 같은 식으로 근거 없이 무작정 설정한 페르소나는 만들어봤자 의미가 없다. **정량 조사와 정성 조사를 시행해서 확실한 근거를 가지고 페르소나를 설정해야 한다는 사실을 잊지 말자.**

그리고 또 한 가지, PMF를 달성하기 전에는 페르소나 설정에 지나치게 많은 시간을 들여서도 안 된다. 스타트업이나 신사업처럼 자사 상황, 목표 시장, 고객 등이 자주 바뀌거나, 어떤 인물을 자사의 페르소나로 설정해야 할지 명확하지 않은 중간 단계에는, 어차피 페르소나를 세밀하게 설정하기 어렵다. 억지로 정의하려고 하다가 쓸데없이 시간만 허비할 수 있다.

따라서 사업 초기 단계에는 팀 내부에서 공감할 수 있을 정도의 대략적인 페르소나로 시작하자.

10. 고객 여정 지도 작성하기

페르소나 설정에 더해 '고객 여정 지도Customer Journey Map'를 함께 작성하면, 더 효과적으로 해상도를 높일 수 있다. 고객 여정이란 '고객이 상품을 구매하기까지의 과정'을 여행에 빗대어 정의한 개념으로, 이를 그림으로 표현한 것이 고객 여정 지도다.

고객이 평소에 어떤 일을 하고 어떤 문제를 안고 있는지부터 시작해서, 문제 해결에 필요한 상품을 어떻게 알게 되어, 관심을 가지고 검토한 후에, 구매하게 되는지까지의 과정을 기록해보면, 고객에 대한 해상도를 높일 수 있다.

작성한 고객 여정 지도는 사업 개발에 활용할 수도 있고, PMF를 달성한 후에 효과적인 영업·마케팅 전략이나 방안을 수립할 때 참고할 수도 있다.

페르소나와 마찬가지로, 우선은 간략하게 작성해서 사내 영업 부서, 고객 지원 부서와 공유해 피드백을 받거나, 고객 인터뷰 내용을 반영해서 새로운 아이디어를 추가하는 식으로 활용해보자.

11. 고객의 목소리 수집하기

사업을 하다 보면 필연적으로 인터넷 문의, 영업 미팅, 고객 지원, 또는 SNS상의 입소문을 통해서 '고객의 목소리Voice of Customer'를 듣게 된다. 이러한 고객의 목소리는 반드시 사내에 공유해서 **고객들이 어떤**

생각을 하는지를 조직 구성원에게 전달해야 한다.

　마케팅 담당자는 잠재고객을 확보하는 업무만 하지 말고, 그 과정에서 알게 된 고객의 니즈나 고객의 마음을 움직인 포인트를 조직 구성원과 공유해야 한다. 또한 영업은 상품 판매뿐만이 아니라, 고객의 마음을 움직인 상품의 매력, 고객의 관심을 끌지 못한 부분, 고객 니즈의 변화를 듣고 알려주어야 한다. 이렇게 조직 내부에서 고객의 목소리를 공유하면, PMF 달성 기간을 줄일 수 있다.

　한 홈페이지 제작사는 업무용 메신저 슬랙Slack에서 고객과 나눈 대화나 메일을 자동으로 모아서 요약해주는 채널을 개설해, 직원이 항상 고객의 목소리를 들을 수 있는 시스템을 구축했다.

　또한 유명한 사례로는 일본 국내 시가총액 순위 4위(2022년 6월 30일 기준)를 기록한 전자 장비 기업 키엔스Keyence의 '니즈 카드needs card' 시스템이 있다. 키엔스의 영업사원은 매월 정해진 양의 고객 니즈를 적은 '니즈 카드'를 제출해야 한다. 키엔스는 이 정보를 상품 기획이나 개발에 활용한 덕분에, 타사가 흉내 내지 못하는 뛰어난 상품을 끊임없이 출시해 고수익 사업을 실현할 수 있었다.

　야키니쿠 체인점 규카쿠牛角는 창업 초기에 매장에 대한 불만 사항을 제기하는 고객에게 답례로 300엔을 할인해주는 이벤트를 진행했다. 가차 없는 지적이 쏟아졌지만, 해당 내용을 서비스 개선에 활용할 수 있었다. 규카쿠의 홈페이지에는 지금도 고객 의견을 모으는 고객의 목소리 작성 페이지(https://www.reins.co.jp/reference/voice)가 있다(니시야마 도모요시,《생각―산겐자야의 야키니쿠, 세계 시장을 노리다 想い―三茶の焼肉、世界をめざす》).

12. 위탁 업무 수행하기

고객에게 특정 프로젝트를 위탁받아 수행하면서 해상도를 높이는 방법도 있다. 위탁받는 업무 내용은 다음과 같이 다양하다.

- PoC Proof of Concept, 새로운 아이디어나 콘셉트에 대한 '개념 증명'
- 위탁 개발
- 컨설팅 서비스 제공
- 상주하거나 반쯤 상주하며 근무
- 파견 근무
- 모니터링 기업 모집

위탁 업무는 고객에게 적절한 대가를 받고 서비스를 제공하는 일이기 때문에, 고객사가 안고 있는 문제, 업무 프로세스, 업계 구조를 비롯해 다양한 정보를 깊이 이해할 수 있다.

13. 출시하기

위탁 업무 수행과 비슷한 방법으로, 상품을 조기에 출시해서 프로모션 활동, 영업 미팅, 계약 진행, 납품 같은 일련의 과정을 실제로 진행하면서 해상도를 높이는 방법도 있다.

'백문이 불여일견'이라는 말이 있듯이, 고객의 의견을 들어서 깨닫는 방법보다 직접 보고 깨닫는 편이 더 효과적이다.

실제로 상품을 출시해봐야만 알 수 있는 부분들이 있다. 모바일 결제 서비스로 유명한 기업 스퀘어도 실제 서비스를 제공하면서 얻은 데이터에서 크게 도약할 수 있는 계기를 얻었다고 한다.

가설이 옳다면 스퀘어 단말기가 출하될 때마다 일정한 성장률을 보이며 새로운 고객을 확보하고, 새로운 거래가 생겨나야 했습니다. 상품을 출시해서 가설을 검증해보니, 실제로 완전히 관계가 있다는 사실을 알았습니다. 그 수치가 딱 1%였어요. 첫날 전체 거래의 1%가 다음날 신규 가입자 수와 정확히 일치했습니다. 정말 놀라운 일이었죠.

〈스퀘어, 페이팔, 웨이즈, 트윌로가 거래를 확보하기 위해 낸 아이디어Square, PayPal, Waze, Twilioなどがトラクションを得るために意識していたこと〉

14. 경영자나 의사결정권자의 정기적 고객 미팅

무슨 일이든 대표의 헌신commitment이 가장 중요하다고들 한다. 마찬가지로 신사업에서 해상도를 높일 때도 경영자의 헌신이 큰 영향을 미친다.

고객사 중 상위 몇 곳까지는 경영자가 반드시 연 1회 이상 방문한다는 규정을 만든 회사가 있을 정도로, 경영자가 고객과 정기적으로 만나는 일은 매우 중요하다.

패밀리마트의 전 사장 사와다 다카시는 메신저 라인Line을 통해 300명 정도의 가맹점주와 직접 소통하며 항상 현장의 정보에 귀를 기울였다고 한다.

> 나는 가맹점주들과 연결되어 있기 때문에, 수시로 현장의 생생한 정보를 얻는다. 경영자는 현장 상황이 어떻게 돌아가는지를 항상 이해하고 있어야 한다. '위까지 정보가 올라오지 않는다', '어차피 경영자란 그런 자리다', '사장이 제일 모른다'라고들 하지만, 사실 경영자가 가장 잘 이해하고 있어야 한다.

나는 라인으로 300명 정도의 가맹점주와 소통하며, 수시로 현장의 생생한 정보를 얻는다. 그뿐만이 아니라 이곳저곳에서 가맹점주를 만난다. 물론 직접 매장을 방문하기도 한다. 전국 각지에 있는 지역 부장이나 소장은 물론, 매장 직원과도 대화를 나눈다.

_ 〈패밀리마트의 사와다 사장 '정보는 내가 직접 수집한다' SNS를 활용한 현장 경영 ファミリーマート／澤田社長 「情報は自分で取りに行く」SNS活用経営の現場報告〉(https://www.ryutsuu.biz/column/m010005saizen.html)

15. 해상도 향상 담당 직원이나 부서 두기

인터뷰, 고객 행동 관찰, 설문조사를 통해서 해상도를 높여야 한다는 사실은 인식하고 있지만, 경영자는 물론 현장 담당자도 늘 업무에 쫓겨 바쁘다 보니 좀처럼 신경 쓰기 어려울 경우가 많다.

이럴 때는 조직 내부에 해상도 향상 업무를 담당하는 직원이나 부서를 두는 것도 좋은 방법이다.

예를 들어 치바 현 사쿠라 시의 뉴타운 '유카리가오카'의 개발을 맡은 부동산 개발 기업 '야마만山万'에는, 1년에 6회 이상 모든 가구를 방문해서 주민의 잠재적 니즈를 파악하는 전담 조직인 '구역 관리 그룹'이 있다고 한다.

16. 실패 사례 공유하기

조직 구성원들에게 해상도의 중요성에 관한 인식을 확실하게 심어주려면, **고객의 관점을 무시하거나 이해하려는 노력을 소홀히 했다가 뼈아픈 실패를 경험한 사례도 공유해야 한다.** 예를 들어 다음과 같이 기업에는 수많은 실패 사례가 존재할 것이다.

- 자신들의 생각을 우선시하다가, 고객의 관점으로 생각하지 못했다. 그 결과 신사업에서 큰 적자를 보았다.
- 오랜 개발 기간을 거쳐 자신만만하게 상품을 출시했는데, 관심을 끌지 못하고 묻혀버렸다.
- 신기술 적용에만 정신이 팔려, 고객 사용 편의성은 고려하지 못한 상품을 개발했다.

이런 실패 사례를 공유해서, 고객 니즈를 파악하는 일이 얼마나 중요한지 조직에 알려야 한다. 애당초 고객 관점, 고객에 대한 이해, 해상도 같은 개념은 학교에서 가르쳐주지 않고, 직원 연수에서 가르쳐주는 기업도 그다지 많지 않다. 따라서 고객 관점의 중요성에 대한 인식을 조직 내부에 심어주어야 한다.

5장까지는 PMF란 무엇인지, 어떤 과정을 거쳐 달성하는지, PMF 달성을 위한 사고방식과 조직의 바람직한 자세는 무엇인지 대해서 살펴보았다.

6장에서는 PMF 달성을 위해 다양한 노력을 거듭한 결과, PMF에 도달하거나 가까워지고 있는지를 측정하는 지표에 관해 생각해보자.

6장
PMF 측정법

지금까지는 PMF에 도달할 때까지의 흐름과 가치 제안, PMF 달성에 적합한 조직 구성에 관해서 설명했다. 6장에서는 실제 신사업을 추진하는 과정에서 PMF 달성 정도를 확인하려면 어떤 지표를 봐야 하는지와 그 지표의 측정법을 알아보자.

PMF 달성 정도를 측정하는 4가지 지표

PMF 달성을 위한 대책을 추진할 때는, 어떤 순간에 PMF에 도달했는지, 다시 말해 언제 '고객 니즈를 충족시킬 만한 상품을 가지고 적합한 시장에 침투'했는지를 확인할 방법도 준비해두어야 한다.
  이에 대해 '어차피 PMF에 도달하면 자연스럽게 알게 된다'라거나

'PMF는 사후에 확인할 수 있다'라고 말하기도 하다. 물론 이 또한 일리 있는 주장이지만, 이제 막 신사업을 시작한 사람에게는 이보다 난감한 말도 없을 것이다.

그래서 지금부터 PMF를 측정하고자 할 때 참고할 만한 4가지 지표에 관해 살펴보려 한다.

- 허영 지표
- 후행 지표
- 선행 지표
- 정성적 지표

허영 지표

우선 PMF 달성 정도를 측정할 때 활용할 수 없는 지표부터 짚고 넘어가자. 대표적으로 앞서 2장에 언급했던 '허영 지표 Vanity Metrics'가 있다. 허영 지표는 언뜻 사람들에게 좋은 반응을 얻은 것처럼 보이게 하지만, **실제 성과나 성장과는 거의 관계가 없는 지표**를 말한다.

다음 항목들이 대표적인 허영 지표이다.

- SNS 언급 수
- 보도자료 게시 건수
- 페이지뷰 PV 수
- 활성화·유료화로 이어지지 않는 사용자 수
- 이벤트 시행 건수
- 피칭 이벤트 입상 경력

- 투자 유치 성공 여부
- 투자 유치 금액
- 직원 수

만약 무료 버전이나 쿠폰으로 신규 사용자를 모았다면, '회원 가입자 수'나 '상품을 도입한 기업의 수'도 의심해봐야 한다.

또한 '유료 회원 수'도 도입 기업 수와 마찬가지로 주의해서 봐야 한다. 유료 회원 수만으로는 사용자나 고객사가 실제 유료 결제를 하거나 발주를 한 후에 고객 성공을 달성했는지, 앞으로도 계속해서 이용할지까지는 판단할 수 없다.

9장에서 인터넷 마케팅 기업 베이직Basic의 PMF 달성 스토리를 통해 자세히 설명하겠지만, 빠른 속도로 수주 건수가 늘어나더라도 실상을 들여다보면 해지율 또한 상당히 높은 경우도 있다. 9장에서 소개할 DX 전문 기업 와퀄도 처음에는 가입자 수가 폭발적으로 늘었지만, 그 후에 대부분이 서비스를 해지하는 사태를 겪었다.

따라서 조직 내에 허영 지표를 쫓는 분위기가 형성됐다면 경계해야 한다. 물론 허영 지표 역시 사업의 상태를 보여주는 지표 중 하나지만, 활용할 때 세심한 주의가 필요하다.

후행 지표

'후행 지표Lagging Indicator'는 PMF를 측정할 수 있는 효과적인 수단이기는 하지만, 이미 변화가 일어난 후에야 알 수 있다는 단점이 있다. 따라서 사업 초기 단계에서는 활용하기 어렵다. 후행 지표에는 다음 3가지가 있다.

- 리텐션율
- 유닛 이코노믹스
- 수익

리텐션율

'리텐션율 Retention Rate, 고객 유지율'은 고객이 상품을 실제로 계속 사용하는지를 측정하는 지표로, 며칠 후에 몇 %의 고객이 남아 있는지를 수치로 보여준다.

일반 사용자를 대상으로 한 상품이라면 1일 후, 7일 후, 30일 후(28일 후)의 고객 유지율을 보면 되고, 기업을 대상으로 한 상품이라면 주로 월별, 연도별 계약 해지율을 활용한다.

유닛 이코노믹스

'유닛 이코노믹스 Unit Economics, 고객 1명당 발생하는 수입과 비용'는 'LTV Life Time Value, 고객 생애 가치'를 'CAC Customer Acquisition Cost, 고객 획득 비용'로 나누어서 구한다.

일반적으로 유닛 이코노믹스, 즉 LTV÷CAC가 '3' 이상이면 바람직하다고 알려져 있다.

수익

'수익 Revenue'은 사업을 통해 정기적으로 벌어들이는 금액을 의미한다. 예를 들어 서비스형 소프트웨어 SaaS 업계에는 'T2D3', 즉 ARR Annual Recurring Revenue, 연간 반복 수익이 2년간 3배 Triple씩, 다음 3년간 2배 Double

씩 성장해야만 시가총액 1조 원 이상의 스타트업인 유니콘 기업이 될 수 있다는 인식이 퍼져 있다.

후행 지표의 특징

이 3가지 후행 지표는 PMF 달성 정도를 판단할 때 모두 유용하게 활용할 수 있다. 다만 사업을 시작하고 일정 기간이 지나야만 알 수 있다.

리텐션율, 유닛 이코노믹스, 수익은 6개월 내지 1년 이상 사업을 운영해서, 진정한 고객 유지율, 유지 기간, 수익성을 파악할 수 있을 때까지는 예측치를 활용할 수밖에 없다.

따라서 어느 정도 PMF에 다가간 상품이라면 후행 지표를 활용할 수 있지만, 안타깝게도 사업 초기에 당장 PMF를 달성했는지 알고 싶을 때는 활용하기 어렵다.

선행 지표

'선행 지표Leading Indicator'를 활용하면 후행 지표보다 빨리 PMF 달성 정도를 파악할 수 있다. 구체적으로 다음 3가지를 들 수 있다.

- 숀 엘리스 테스트
- NPS
- 인게이지먼트

숀 엘리스 테스트

'숀 엘리스 테스트Sean Ellis's test'는 고객에게 '이 제품을 사용할 수 없다고 하면, 어떻게 느껴지는지'를 묻고, '매우 실망', '실망', '실망하지 않음', '관심 없음(원래 해당 제품을 사용하지 않음)' 중 하나로 응답을 받는 방법이다.

이때 '매우 실망'이라는 대답이 전체의 40%를 넘었다면, PMF를 달성했다고 판단할 수 있다.

NPS

'NPS Net Promoter Score, 순 추천 고객 지수'는 고객 충성도를 측정하는 지표다. 고객에게 자사의 상품을 친구나 지인에게 추천하고 싶은지를 묻고, 0점(전혀 그렇지 않다)부터 10점(매우 그렇다)까지 11단계로 평가하도록 한다.

0~6점을 매긴 사용자를 '비추천 고객', 7~8점은 '중립 고객', 9~10점은 '추천 고객'으로 분류하고, 추천 고객에서 비추천 고객을 빼면 NPS 수치가 나온다.

인게이지먼트

'인게이지먼트 Engagement, 참여도'는 신규 사용자가 상품 사용을 중단했는지, 또는 어느 정도 활발하게 이용하고 있는지를 분석하는 방법이다.

다만 활발하게 이용하는 상태에 대한 정의는 상품 카테고리별로 다르다. 예를 들어 경비 정산 프로그램을 이용하는 사용자라면 월 1회 정도일 테고, 이메일 앱이라면 매일 이용하는지 또는 하루에 몇 번 이용하는지가 중요한 기준이 된다.

> **선행 지표의 특징**

선행 지표를 활용하면 길게는 3개월, 짧게는 2주 안에 신사업이 PMF에 도달해가고 있는지를 측정할 수 있다.

예를 들면 숀 엘리스 테스트는 일반적으로 '최근 2주 이내에 2회 이상 해당 상품을 사용한 적이 있는 고객을 대상'으로 진행한다. 이처럼 선행 지표는 **짧은 주기로 결과를 측정해서 자신들이 PMF에 가까워지고 있는지를 확인**할 수 있는 효과적인 지표다.

정성적 지표

사업을 막 시작한 초기에는 이용자 수나 고객사 수가 적어서, 앞서 설명한 숀 엘리스 테스트나 NPS로도 정량적인 경향성을 확인할 수 없을 때가 있다. 이때는 정성적 지표를 활용해야 한다.

상품이 PMF를 달성하면 주로 다음과 같은 정성적 지표가 나타난다.

- 상품 개발이 끝나지 않았는데 계약을 따낸다.
- 상품을 극찬하는 열성 팬이 생긴다.
- 지금까지는 사장이 나서야만 영업에 성공했지만, 어느 순간 1년 차 신입이나 인턴도 실적을 내기 시작한다.

한편 상품을 출시했는데도 계약을 따내지 못하고, 극찬하며 반기는 팬도 없으며, 사장이나 영업부장이 나서야 겨우 팔 수 있다면, 해당 상품은 'PMF 미달성 상태'라고 판단해도 좋다.

유명한 투자가 마크 앤드리슨은 PMF 미달성 상태에 대해 이렇게 설명했다.

고객이 제품에서 가치를 느끼지 못하고, 입소문이 퍼지지 않고, 이용량이 증가하는 속도가 더디고, 보도자료를 배포해도 반응이 시원치 않고, 뭔가 애매모호하고, 영업 사이클이 길며, 계약을 따내기가 힘들다. 지금 당신의 회사가 이런 상황이라면, PMF를 달성하지 못한 것이다.

_ 〈가장 중요한 단 하나The only thing that matters〉(https://pmarchive.com/guide_to_startups_part4.html)

PMF 측정 시 유의 사항

지금까지 PMF 달성 정도를 측정할 수 있는 다양한 지표를 살펴보았다. 단, 해당 지표들을 측정할 때는 반드시 주의해야 할 사항이 있다.

첫째로 측정치를 **동종 업계의 타사 상품이나 평균과 비교해야 한다**. 리텐션율의 평균치는 업계마다 다르고, NPS가 그다지 높지 않아도 사람들이 계속 이용하는 상품 카테고리도 있다.

이미 경쟁사가 주식시장에 상장했다면, 결산 자료에 리텐션율, 유닛 이코노믹스, NPS가 기재되어 있는 경우가 많으니 참고하자.

둘째로 **반드시 모든 수치가 높아야 할 필요는 없다**는 사실을 명심하자. [그림 6-1]에 세계적으로 유명한 서비스들의 NPS를 정리했다. 이 책을 읽는 독자라면 누구나 알고, 누구나 일상적으로 사용하는 서비스들이지만, 표를 보면 NPS는 그다지 높지 않다는 사실을 알 수 있다.

내가 예전에 진행했던 안건 중에도, 서비스가 고객의 업무 효율 향상에 확실히 도움이 되고 해지율도 낮아서 급성장했지만, 사용 고객을 만나 인터뷰를 해보면 늘 관리 화면이 사용하기 불편하다는 지적을 받은 경우가 있다.

세계적인 IT 기업이 제공하는 서비스의 NPS

서비스명	NPS
페이스북	-21
야후!	9
구글	11
아마존	25
구글 플레이	30
유튜브	59

[그림 6-1] 세계적으로 유명한 서비스의 NPS도 반드시 높지는 않다.
(CUSTOMER GURU, "FACEBOOK NET PROMOTER SCORE 2020 BENCHMARKS")

다시 말해 솔직히 만족하지는 않지만, 업무에 필요하기 때문에 어쩔 수 없이 사용하는 상황도 있다. 이는 자신이 생각하는 이상적인 모습이나 최적의 선택지는 아니지만, 그 서비스가 없는 상황은 상상하기 싫다는 말이기도 하다.

우량기업의 성공 요인을 통계적으로 조사한 저서 《비즈니스 성공을 위한 불변의 공식 4+2 What Really Works: The 4+2 Formula for Sustained Business Success》(윌리엄 조이스 외)에도, 고객에게 제공하는 서비스가 반드시 최고 품질일 필요는 없다는 내용이 있다. [그림 6-2]에서 알 수 있듯이, 성공한 기업이라고 해서 반드시 최고 품질의 상품이나 서비스를 제공하는 것은 아니다.

이처럼 PMF 달성 여부는 정량적 측면과 정성적 측면을 모두 고려하고, 동종 업계의 타사 상품과도 비교하면서 여러 측면에서 확인해야 한다.

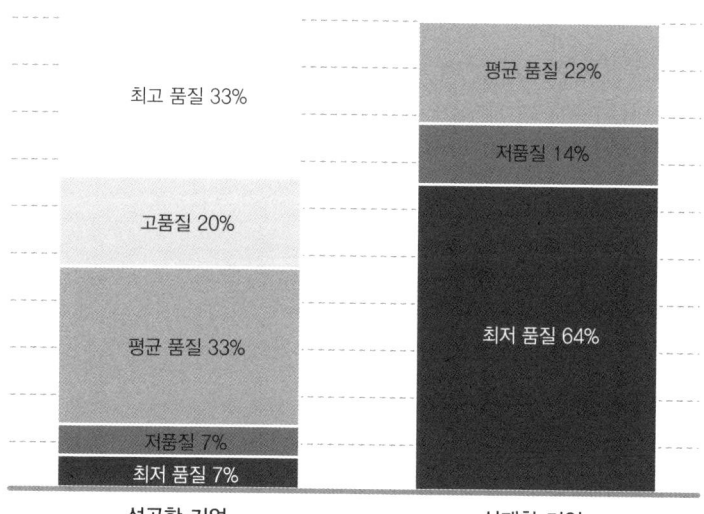

[그림 6-2] 품질 측면에서 본 성공한 기업과 실패한 기업의 차이

또한 7장에서 자세히 설명하겠지만, PMF는 한 번 달성했다고 해서 끝이 아니다. 끊임없이 측정해서 계속 확인해야 한다는 사실을 잊지 말자.

7장
더 높은 PMF 달성을 위하여

PMF 달성의 핵심인 고객에게 제공할 가치를 만들어내고, 조직이나 팀이 고객에 대한 해상도를 높여서, 마침내 PMF를 달성했다면 진심으로 축하할 일이다. 단, 그곳이 골인 지점은 아니라는 사실을 명심하자.

   기업이나 사업이 계속해서 성장하려면, 반드시 2차, 3차 PMF를 달성해야 한다. 7장에서는 왜 한 번의 PMF 달성으로는 부족한지를 다루고, 1차 PMF를 달성한 후에 취할 수 있는 4가지 성장 방향에 관해 이야기해보자.

PMF는 일회성 이벤트가 아니다

PMF 달성을 향해 나아갈 때는 한 번의 PMF 달성이 결코 끝이 아니라는 사실을 반드시 염두에 두어야 한다.

[그림 7-1]은 시간의 흐름에 따라 계속해서 PMF를 달성해야, 상품이나 서비스를 이용하는 고객 수도 계속 증가한다는 사실을 보여준다. 따라서 **1차 PMF를 달성했더라도, 다른 세그먼트에서 단계적으로 2차, 3차 PMF를 달성하기 위해 계속 노력해야 한다.**

즉 기업은 여러 번의 PMF 달성 과정을 거치며 성장해간다.

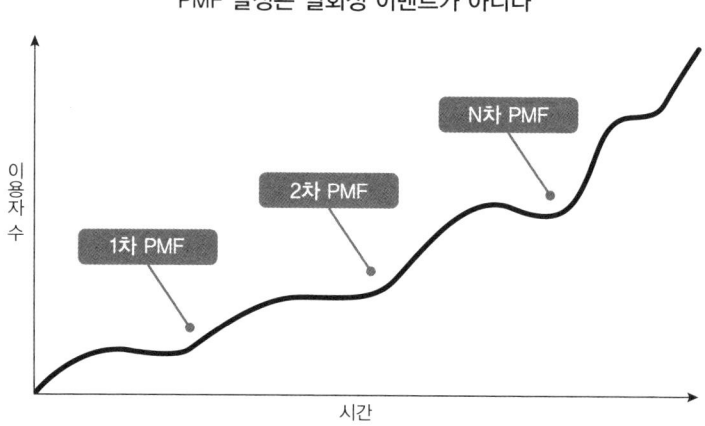

[그림 7-1] 기업이 계속해서 성장하려면 반드시 2번 이상의 PMF를 달성해야 한다.

비즈니스는 경쟁이다. 어느 순간 새로운 경쟁사가 나타나 자사 상품이 PMF 상태에서 밀려날 수도 있고, 시장의 니즈가 변해서 현재 상품으로는 더 이상 고객 니즈를 충족시킬 수 없는 시기가 오기도 한다.

실제로 2019년에 코로나19가 확산되면서 고객 니즈와 사회 환경이 변했고, 그로 인해 이미 PMF를 달성했던 사업이 다시 PMF 미달성 상태로 돌아간 사례를 여럿 보았다.

PMF는 반복적으로 달성해야 하는 목표이기 때문에, 계속해서 사업을 성장시키려면 반드시 5장에서 설명한 PMF 달성에 적합한 조직을 구성해야 한다. 이 장에서는 1차 PMF를 달성한 후에 해당 조직이 지향해야 할 4가지 성장 방향에 관해 이야기해보자.

PMF 달성 후에 지향해야 할 4가지 성장 방향

한 번 PMF를 달성했다는 말은 '특정 시장의 니즈를 충족시키는 상품을 제공하는 데 성공했다'는 의미다. 이 상태에서 계속 사업을 성장시키려면, 다음의 4가지 방향을 바탕으로 사업을 전개해나가야 한다.

① 기존 세그먼트에서 고객 확대에 주력한다.
예: 영업이나 마케팅 관련 투자를 늘려서 같은 세그먼트 안에서 신규 고객을 계속 늘려간다.

② 기존 세그먼트에서 업셀링을 한다.
예: 새로운 기능을 개발해서 기존 고객을 대상으로 업셀링을 추진한다.

③ 새로운 세그먼트로 영역을 넓힌다.
예: 기존에 IT 업계가 중심이었다면, 제조업계로도 영역을 넓힌다.

④ 크로스셀링 상품을 개발한다.
예: 기존에 자사의 채용 관리 시스템을 이용하던 고객사 인사 담당자에게 새롭게 개발한 채용 대행 서비스를 판매한다.

①~③번 방향에 모두 '세그먼트'라는 용어가 들어 있다. 그만큼 일단은 현재 어떤 세그먼트에서 PMF를 달성했는지 철저하게 분석한 후에, 구체적인 다음 성장 전략을 세우는 것이 중요하다.

이때 실제 **발주를 하는 세그먼트와 고객 성공을 달성하는 세그먼트가 다를 수 있다**는 점에 주의하자. 잠재고객을 확보할 수 있고 영업 미팅으로 이어지는 비율이나 실제 수주율도 꽤 높지만, 정작 고객은 자사 상품에서 만족스러운 결과를 얻지 못하는 세그먼트도 있을 수 있다.

따라서 수주를 받았는지뿐만 아니라, 어떤 세그먼트에서 고객 성공을 달성했는지까지 파악한 후에, 다음 성장 전략을 세워야 한다.

이와 관련한 사례로는 2021년 9월에 19억 엔 투자 유치에 성공한 기업용 커뮤니티 플랫폼 '코뮨 Commmune'이 있다. 코뮨은 고객 성공을 달성한 세그먼트에 집중해서 한 단계 더 성장할 수 있었다. 자세한 내용은 9장에서 설명하겠지만, 코뮨은 자사의 성공 전략에 관해 이렇게 설명했다.

> 자사가 가장 큰 가치를 제공할 수 있는 고객이 누구인지를 파악해서 해당 세그먼트에 집중해야 합니다. (…) 코뮨은 '기업의 고객 성공 달성을 지원해서 최종 사용자의 LTV를 높이는 서비스'라는 콘셉트를 내걸었습니다. 신규 고객이나 팬클럽을 위한 서비스로 코뮨을 사용하는 기업도 있었지만, 그런 문제는 어디까지나 코뮨이 해결해야 하는 핵심 과제가 아니라고 정의했습니다.
>
> _〈'평균 50점'인 상태에서 벗어나기 위해 ― 2가지 결단으로 PMF를 달성한 코뮨「みんなにとって50点」の状況から抜け出すために。2つの決断でPMFを手繰り寄せたコミューン〉(https://sairu.co.jp/method/5686)

지금부터는 PMF를 달성 후에 지향해야 할 성장 방향 4가지를 각각 자세하게 들여다보자.

기존 세그먼트에서 고객 확대에 주력한다

PMF 달성 후에도 계속해서 성장하기 위한 첫 번째 방법은 이미 PMF를 달성한 세그먼트에서 점유율을 늘리는 것이다.

기존 세그먼트에서 신규 고객을 확보할 때, 핵심은 다음 3가지 사항이다.

- 투자효율이 높은 영업·마케팅 채널에 집중투자한다.
- 수주 과정에 존재하는 고객 이탈 요인을 개선해서 투자효율을 높인다.
- 새로운 채널을 찾는다.

투자효율이 높은 영업·마케팅 채널에 집중투자한다

우선은 확보한 채널 각각의 투자효율을 분석해서, 효율이 가장 높은 채널을 찾는다.

효율이 높은 채널을 찾아서 그 채널에 추가로 투자하는 것은 확실하고 안전한 성장 방법 중 하나다. 같은 채널에 집중투자를 하면 일반적으로 투자효율 자체는 서서히 떨어질 수 있지만, 투자한 비용만큼의 효과만 나온다면 일단은 해당 채널에 집중적으로 투자하자.

수주 과정에 존재하는 고객 이탈 요인을 개선해서 투자효율을 높인다

마케팅 전략을 세울 때는, 잠재고객이 문제를 인식하고 영업 미팅을 거쳐 발주할 때까지의 과정을 한 계단 한 계단씩 천천히 올라갈 수 있도록 단계별로 설계해야 한다. 우리 회사에서는 이런 방법을 '계단 설계'라고 부른다([그림 7-2]).

마케팅 관련 소통을 할 때, 단계별로 고객이 이탈하는 포인트를 명확히 찾아내서, 이탈을 보충할 수 있는 콘텐츠나 접점을 만드는 일에 힘을 쏟는다.

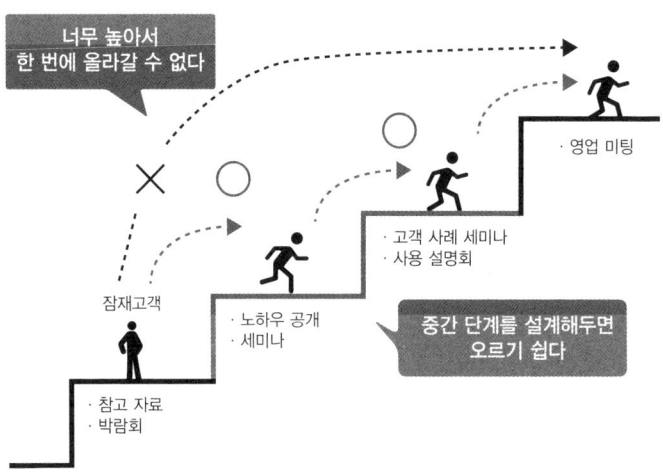

[그림 7-2] 수주에 성공할 때까지 거치는 과정을 완만하게 설계한다.

박람회에 참가해서 잠재고객을 확보하면, 빨리 영업 미팅 약속을 잡아야 한다는 마음이 앞서서 무조건 전화를 돌리는 경우가 많다. 물론 상품에 따라서 다르기는 하지만, 박람회에 오는 방문객의 목적은 주로 정보 수집이다. 따라서 아무리 전화를 돌려도 영업 미팅 기회를 잡거나 수주로 이어지는 일은 그다지 많지 않다.

그래서 고객이 검토 단계로 들어설 때까지, 메일이나 인사이드 영업을 통해 소통하거나 사례 소개 세미나를 개최하는 등의 중간 단계가 필요하다. 박람회에서 받은 명함을 가지고 바로 계약을 따내려고 하면 팔릴 물건도 안 팔린다.

새로운 채널을 찾는다

새로운 채널을 찾는 일은 성장하기 위해서만이 아니라, 위험 요소 분산의 측면에서도 중요하다. 실제로 주로 박람회 참가를 통해 영업활동을 해왔던 제조업 분야의 회사 중에는, 코로나19 확산으로 급하게 새로운 채널을 찾아야 하는 상황에 직면한 기업이 많았다.

또한 SEO Search Engine Optimization, 검색엔진 최적화를 통해 고객을 확보했던 기업이 구글의 검색 알고리즘 업데이트로 고객 모집이 저조해지자, 어쩔 수 없이 광고 같은 다른 홍보 채널에 투자하기 시작했다는 이야기도 자주 듣는다.

따라서 고객 세그먼트와 마찬가지로 마케팅 채널도 점차 늘려가야 한다.

마케팅 기법이나 채널에 관해 잘 모른다면, 사이루의 홈페이지에 B2B 마케팅 기법과 채널을 종합적으로 정리한 〈B2B 마케팅 기법 사전—사내 회의에서 활용할 수 있는 77가지 방법과 아이디어 BtoB マーケティングの手法大全—社内会議で使える77個の施策アイデア〉(https://sairu.co.jp/method/2483)라는 자료가 게시되어 있으니 참고하길 바란다.

기존 세그먼트에서 업셀링을 한다

기존 세그먼트에서 점유율을 확대하는 동시에, 업셀링Up-Selling, 상위 버전 구매 유도을 추진해 성장을 이어나갈 수도 있다. 업셀링에는 주로 다음의 3가지 방법이 있다.

- 가격 변경
- 과금 방식 변경(정액제, 종량제, 정액+종량제 등)
- 옵션 기능 추가

가격 및 과금 방식 변경

가격이나 과금 방식을 변경할 때는 고객에게 변경 이유를 정중하게 설명하고 적응 기간을 두는 것이 일반적이다. 또한 변경으로 인해 일시적(또는 영구적)으로 다수의 계약 플랜을 동시에 관리, 운영해야 하는 번거로움이 발생할 수도 있다.

옵션 기능 추가

옵션 기능을 추가할 때는 자칫 '고객 가치로 이어지지 않은 옵션을 늘리지 않도록' 주의해야 한다.

고객이 가치를 느끼지 못하는 옵션이 늘어나면, 기술적 부담만 증가해 성장을 방해하는 요인이 된다. 따라서 업셀링을 위한 옵션 기능을 개발할 때는, 고객이 더 큰 가치를 느끼고 지갑을 열 기능인지 아닌지를 확인하면서 진행해야 한다.

한편 기능을 개발하지 않고 업셀링하는 방법도 있다. 대표적으로는 온보딩On-Bording, 직원들이 새로운 프로그램에 적응하도록 돕는 과정, 고객 성공, 연수 프로그램을 유료로 제공하는 방법이 있다. 이 방법들은 고객과의 접점을 늘리고 고객의 성공으로 이어지는 요인이 무엇인지를 깊이 이해할 수 있게 해주기 때문에, 사업 초기에 활용하면 많은 도움이 된다.

예를 들면 마케팅 프로그램을 제공하는 기업 허브스폿HubSpot은 도입 지원 서비스를 유료로 제공하고 있다(https://www.hubspot.jp/services/onboarding).

새로운 세그먼트로 영역을 넓힌다

PMF를 달성한 후에도 계속해서 성장하기 위한 세 번째 방법은 새로운 세그먼트로 영역을 넓히는 것이다. 이때 핵심은 세그먼트를 나누는 방식에 있다. 대표적으로는 다음과 같은 방식이 있다.

- 구매 결정권자의 새로운 상품에 대한 민감도
- 회사 규모
- 업계
- 이용 환경
- 지역

구매 결정권자의 새로운 상품에 대한 민감도

혁신 확산 이론Diffusion of Innovations에 따르면 고객층에는 총 5가지 세그먼트가 있다. 즉 이노베이터Innovator, 얼리어답터Early Adopter, 전기 다수 수용자Early Majority, 후기 다수 수용자Late Majority, 지각 수용자Laggard로 나뉜다.

혁신 확산 이론은 고객층을 5가지로 분류해서 새로운 상품이나 서비스가 시장에서 어떻게 퍼져나가는지를 분석한다([그림 7-3]).

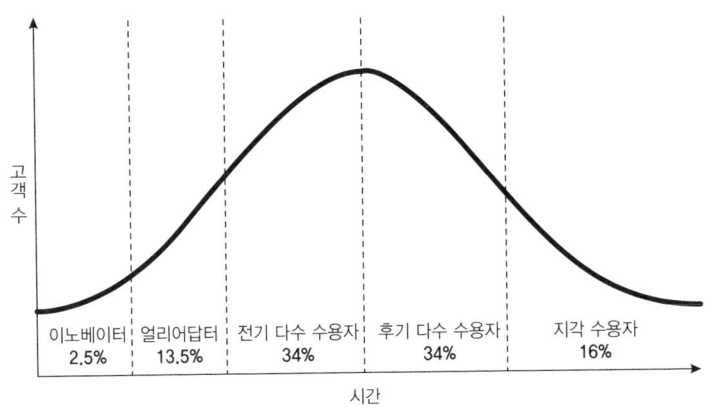

[그림 7-3] 혁신 확산 이론에 따라 분류한 5가지 고객 세그먼트

고객층마다 정보에 대한 민감도, 관심사, 정보 수집 채널, 구매 결정 요인이 다 다르다. 따라서 새로운 고객층으로 영역을 넓히고 싶다면, 각 층의 고객이 자주 접하는 정보 채널이나 그들의 마음에 쉽게 파고들 수 있는 메시지를 조사해서 홍보나 영업활동의 내용을 조정해야 한다.

회사 규모

회사 규모에 따라 세그먼트를 나눌 수도 있다. 중소기업, 중견기업, 대기업은 각각 관심사부터 품의 절차, 구매에 관련된 인원, 예산까지 모두 다르기 때문이다.

예를 들어 대기업은 높은 '커스터마이징 자유도'를 요구하는 경향이 있다. 그래서 온라인으로 인쇄 서비스를 제공하는 기업 라쿠스루Raksul는 2021년 10월에 대기업을 타깃으로 한 새로운 서비스 '라쿠스루 엔터프라이즈Raksul Enterprise'를 출시했다.

라쿠스루는 다양한 거점을 가진 대기업의 니즈에 대응하여, 기업별로 전용 주문 사이트를 만들고, 승인 절차를 간소화했으며, 계정을 통합 관리할 수 있게 하고, 인쇄 결과물을 미리 볼 수 있게 했다(https://enterprise.raksul.com).

'라쿠스루 엔터프라이즈'는 기존 제품을 개선해서 대기업에서도 온라인 인쇄 서비스를 편하게 이용할 수 있게 함으로써, 세그먼트 확장을 도모한 대표적인 사례라 할 수 있다.

업계

업계별로 세그먼트를 나누기도 한다. 새로운 업계로 진출할 때는 다시 한번 고객이 가진 문제와 니즈, 자사의 상품이 제공하는 가치, 고객에게 노출할 수단을 검토하는 일부터 시작한다.

2021년 9월에 53억 엔이라는 대규모 투자 유치에 성공한 아르바이트 중개 플랫폼 타이미Timee도 이미 요식업계에서 PMF를 달성했었지만, 코로나19 확산을 계기로 목표 고객층을 소매업이나 물류 업계로 확장했고, 해당 분야의 니즈에 따라 제품과 메시지를 개선했다. 그 결과 2차 PMF를 달성할 수 있었다(9장 참고).

이용 환경

세그먼트는 이용 환경에 따라서 나눌 수도 있다. 제품을 이용하는 환경이 달라지면 필요한 기능도 달라지기 때문이다.

예를 들어 화상 회의 플랫폼 줌 Zoom은 처음에는 온라인 회의를 위한 서비스만 제공했지만, 이후 줌 웨비나 Zoom Webinar를 별도 앱으로 제공하여 세미나나 강의에서도 널리 쓰이고 있다.

지역

지역별로 세그먼트를 나누는 방법 또한 있다. 이때 해외 진출도 하나의 세그먼트로 분류할 수 있다. 또한 국내에서도 지역에 따라 영업 방식이나 마케팅 기법을 다르게 적용하기도 한다.

2021년 6월에 156억 엔 규모의 시리즈 D 단계 투자 이미 성공한 스타트업을 대상으로 하는 추가 투자 유치에 성공한 스마트HR은, 2019년에 간사이 지사를 설립하여 2부 4현(오사카 부, 교토 부, 효고 현, 나라 현, 시가 현, 와카야마 현)에서 인지도를 높이기 위해 노력하고 있다(〈스마트HR 간사이 지사의 지금 — 현재 실태를 이야기하다 SmartHR関西支社のイマ-現状を語る編-〉(https://note.com/masahide022/n/n6faea81bd034)).

모든 사업에는 다양한 세그먼트의 고객이 존재한다. 따라서 성장 전략을 세울 때는, 자사의 사업이 앞으로 어떤 세그먼트의 고객을 확보할 수 있을지 꼼꼼히 검토해야 한다.

크로스셀링 상품을 개발한다

PMF 달성 후에도 계속해서 사업을 성장시키는 네 번째 방법은 크로스셀링Cross-Selling, 교차 구매 유도 상품 개발이다.

기존에 PMF를 달성한 세그먼트와의 관계를 활용해서, 새롭게 개발한 상품을 해당 세그먼트에서 판매하는 방법이다.

크로스셀링에 성공한 대표적인 기업은 애플이다. 나 역시 아이폰, 맥북 에어, 아이패드, 에어팟, 애플 뮤직을 모두 사용해왔고, 아이폰 기종 변경까지 포함하면 총 100만 엔 이상을 애플 제품을 사는 데 썼다.

물론 '애플'이라는 세계적인 브랜드가 가진 힘과 상품의 뛰어난 품질이 바탕이 되었기에 가능한 일이기는 하지만, 애플을 보면 크로스셀링 상품의 파급력을 잘 알 수 있다.

B2B 기업 중에는 세일즈포스Salesforce가 영업 관리 시스템 '세일즈 클라우드Sales Cloud'와 마케팅 자동화 솔루션 '마케팅 클라우드Marketing Cloud'를 비롯한 다양한 상품을 판매하고 있다.

크로스셀링 상품을 다수 보유하고 있으면, 고객의 문제나 니즈에 맞춰 최적의 상품을 제공할 수 있다는 장점도 있다.

더 높은 PMF 달성을 위하여

한 번 PMF를 달성했다고 해도, 외부 환경이 달라지면 언제든지 PMF 상태에서 밀려날 수 있다. 따라서 **자사가 어떤 세그먼트에서 PMF를 달성했는지, 다음에는 어떤 세그먼트를 공략해야 할지를 확인해서, 끊임없이 사업을 성장시키려고 하는 자세가 중요하다.** 다시 한번 말하지만 PMF

에는 끝이 없다.

또한 계속해서 PMF를 달성하려면, 그에 맞는 적절한 조직을 구성해야 한다.

사업 초기에 특정 세그먼트에서 PMF를 달성하고 나면, 아무래도 해당 세그먼트의 고객을 위한 기능 개발이나 프로모션을 진행하느라 바빠지기 마련이다. 그러다 보면 2차, 3차 PMF 달성을 위한 활동에는 자원을 배분하기가 쉽지 않다.

이때는 경영자나 사업 책임자, 즉 리더가 앞장서서 자원을 배분하고 다음 PMF를 찾아가거나, 5장에서 언급했던 야마만의 사례처럼 '고객의 니즈 탐색을 담당하는 부서를 따로 설치'해 2차, 3차 PMF에 집중하는 것도 좋은 방법이다.

어떤 식으로든 PMF를 달성하기 위한 방법을 찾을 때는 8장에서 소개할 'PMF 트리거'를 함께 고려해야 한다. 이를 9장에서 소개하는 사례들과 대조하면서 자세히 살펴보자.

8장
PMF를 부르는 트리거

최근 급성장한 신사업들이 PMF를 달성할 수 있었던 계기는 무엇일까? 8장에서는 PMF 달성의 계기가 되는 'PMF 트리거' 7가지를 알아보자.

PMF 트리거란?

나는 이 책을 집필하면서, 9장에서 소개할 14개 기업이 신사업을 시작해서 PMF를 달성하기까지의 과정을 취재했다. 그리고 당시 취재를 진행하면서, 각각의 **신사업에는 PMF 달성의 결정적인 계기로 작용한 특정 사건이 있다**는 사실을 알게 됐다. 나는 그 사건을 'PMF 트리거'라고 부른다.

물론 신사업 성공이나 PMF 달성은 상품의 매력, 출시 시기, 경쟁력, 자금력, 사업을 이끄는 경영자나 사업 책임자의 능력, 운 등과 같은 수많은 요소가 모여야 가능하다. 한두 가지 요소만으로는 설명할 수 없다.

다만 그중 몇 가지 요소는 PMF를 달성하는 과정에서 결정적인 계기로 작용하고는 한다. 내가 발견한 PMF 트리거는 7가지였다.

1. 고객에 대한 이해
2. 철저한 시장 조사
3. 위탁 개발·컨설팅 서비스 제공
4. 콘셉트 개발
5. 목표 고객층 변경
6. 결정적 요소 발견
7. 시장 변화에 대한 대응

[그림 8-1]에 내가 취재한 각 기업이 PMF를 달성했을 때 중요한 계기로 작용했던 PMF 트리거를 정리했다. 표를 보면 알 수 있듯이, 7가지 트리거를 모두 충족해야 PMF를 달성할 수 있는 것은 아니다. 하지만 '고객에 대한 이해'라는 트리거는 모든 기업에서 공통으로 작용한 요소였다. 내가 취재한 모든 기업이 2~3개의 트리거를 통해 비약적으로 성장했다.

만약 당신의 회사에서 추진하는 신사업이 PMF 달성에 고전하고 있다면, 이 중 몇 가지 트리거를 활용할 수 없을지 검토해보기를 바란다.

14개 기업이 경험한 PMF 트리거

	고객에 대한 이해	철저한 시장 조사	위탁 개발·컨설팅 서비스 제공	콘셉트 개발	목표 고객층 변경	결정적 요소 발견	시장 변화에 대한 대응
플럭스	○	○					
허프	○			○			
코드몬	○		○				○
타이미	○				○		○
도키움	○					○	○
코뮨	○				○		
사이카	○		○		○		
플레이드	○			○			
와큘	○					○	
포토신스	○				○		
노바셀	○		○	○			
폰데스크	○		○				○
베이직	○				○		
사이루	○		○				○

[그림 8-1] 14개 기업의 PMF 트리거 분류

공통점은 고객에 대한 이해

우선 트리거로 작용한 첫 번째 요소는 고객을 이해하려는 노력이었다. 신사업에 관한 아이디어는 문뜩 떠오르기도 하고, 사내 브레인스토밍을 통해 찾아내기도, 또는 해외에서 이미 유행하는 사업에서 힌트를 얻기도 한다. 이처럼 아이디어를 떠올리는 계기는 다양하지만, 그 후에 도출한 아이디어를 상품화하고 PMF 달성을 향해 나아갈 때는 **반드시 고객을 이해하는 과정을 거쳐야 한다.**

출시한 상품이 팔리지 않고 계약 해지율이 이상할 정도로 높은 뼈아픈 실패를 경험하면서 고객을 이해하게 된 안타까운 사례까지 포함하여, 내가 취재한 모든 기업이 고객이나 고객의 성공을 제대로 이해한 다음에야 PMF를 달성할 수 있는 아이디어를 찾아냈다.

예를 들어 9장에서 소개할 베이직도 '2년 연속 해지율이 떨어지지 않는 사태'에 직면하고 나서야 다시금 고객을 이해하려는 노력에 나섰고, 그 과정에서 목표 고객층, 기능, 가격을 모두 바꾼 다음에야 PMF를 달성할 수 있었다.

철저한 시장 조사

두 번째 트리거는 신사업에 뛰어들기 전에 미리 시장에 관해 꼼꼼히 조사하는 노력이다. 이런 노력은 특히 이미 시장과 상품이 존재해서 벤치마킹할 기업이나 상품이 있을 때 더 큰 효과를 발휘한다.

내가 아는 한 경영자는 새로운 영역에 진출하기 전에 경쟁사나 유사 기업의 서비스 내용은 물론, 비용, 납기 일정, 도입 절차까지 전부 꼼꼼하게 조사했다. 조사한 정보를 바탕으로 자사의 상품이 '절대 밀리지 않을' 상태를 만든 결과, PMF를 달성해 지금은 상장까지 이루어냈다.

9장에서 소개할 플럭스도 선행 사례나 창업 멤버들의 경험을 통해, 미디어 광고 판매나 광고 수익성 증대 관련 문제에는 헤더 입찰 _{Header Bidding, 광고 지면을 경매에 붙여 최고가로 입찰한 광고주가 낙찰받는 방식}이 가장 효과적인 솔루션이라는 사실을 이미 알고 있었다. 그래서 해외에서 비슷한 사업을 하고 있는 회사들을 철저하게 조사했다고 한다.

위탁 개발·컨설팅 서비스 제공

세 번째 트리거는 고객사의 위탁을 받아 개발을 진행하거나 컨설팅을 제공하는 과정에서, 신사업의 아이디어가 떠오르거나 고객에게 제공하는 상품의 품질을 향상시키게 되는 경우다.

위탁 개발이나 컨설팅을 진행하다 보면, 고객사의 사정을 자세하게 알게 된다. 고객의 문제, 원하는 기능, 희망 가격, 도입까지 거쳐야 할 의사결정 프로세스 등을 비교적 쉽게 파악할 수 있어서, **단순히 상품을 제공하기만 할 때보다는 훨씬 많은 정보를 얻을 수 있다.**

9장에서 소개할 코드몬도 위탁 개발 사업을 하던 중에, 어린이집 업계의 니즈를 깨닫고 시스템 개발에 착수해서 '코드몬'이라는 제품을 탄생시켰다.

또한 9장에서 소개할 노바셀도 자사의 텔레비전 광고 활용 실적과 노하우를 살려서 '운용형 텔레비전 광고 서비스'를 제공하고 있지만, 사업 초기에는 다베 마사키 사장이 직접 고객사를 컨설팅하면서 검증을 진행했다.

콘셉트 개발

네 번째 트리거는 고객의 마음을 파고드는 알기 쉬운 콘셉트를 만들어내는 것이다.

이와 관련한 사례로는 9장에서 소개할 플레이드PLAID의 PMF 달성 스토리를 꼽을 수 있다. 플레이드는 제품의 대시보드 UI를 변경해서 고객의 마음을 사로잡았다.

웹사이트나 애플리케이션 데이터의 분석 결과를 보여주는 대시보드는 일반적으로 사용자의 행동을 요약해서 보여주는 도구로 여겨진다. 하지만 플레이드는 일부러 요약하지 않고, 사용자 한 사람 한 사람의 행동이나 상태를 그대로 보여주는 방식을 채택해, 자사 상품의 가치를 전했다.

'데이터를 사용자별로 가시화하고 분석하자'라는 독창적인 콘셉트를 제품에 철저하게 반영한 결과, PMF에 도달할 수 있었다.

또한 9장에서 소개할 기업 허프는 '모든 사원이 채용에 참여해서 채용의 질과 성과를 높이자'라는 콘셉트를 '스크럼scrum 채용'이라 명명하여 전면에 내세운 결과, PMF를 달성했다.

원래 명칭은 '전 사원 참여형 채용'이었는데, 당시에도 수주율은 상승하고 있었다. 그러던 중 피칭 이벤트에 참가했을 때, 한 어드바이저에게 "조금 더 알기 쉽고 귀사의 독창성을 알릴 수 있는 명칭이면 좋겠다"라는 조언을 듣고, '스크럼 채용'으로 명칭을 변경했다. 그 후 몇 주 만에 업계에 소문이 쫙 퍼졌다고 한다.

목표 고객층 변경

다섯 번째 트리거는 상품을 판매할 목표 고객층의 변경이다. 다양한 고객층을 대상으로 상품을 검토한 후에, 자사 상품이 가장 큰 가치를 발휘할 수 있는 고객층을 찾아내 해당 고객층에 집중한 것이, 몇몇 기업에서 PMF를 달성하는 트리거로 작용했다.

9장에서 소개할 코뮨은 사업 시작부터 순조롭게 성장해 빠르게 궤도에 올랐지만, '잘 팔리기는 하는데 도대체 주 고객층이 어떤 사람들인지 명확하지 않은' 상태였다. 그래서 코뮨은 '어떤 사용자의 어떤 문제를 해결해주는 제품'인지를 명확하게 정의했다. 그 후에 가장 큰 가치를 제공할 수 있는 고객층에 집중하는 전략으로 PMF를 달성할 수 있었다.

결정적 요소 발견

여섯 번째 트리거는 고객의 마음을 움직이는 결정적 요소의 발견이다.

영업 자료나 프레젠테이션 자료에도 '핵심 페이지'가 있듯이, 상품에도 결정적인 핵심 요소가 존재한다. 일반적으로 **경쟁사에는 없는 기능과 서비스, 압도적으로 저렴한 가격, 획기적으로 짧은 납품 기간** 등이 결정적 요소로 작용한다.

9장에서 소개할 도키움TOKIUM은 경비 정산 시스템 사업에 진출했지만, 후발 주자였기 때문에 처음에는 고전을 면치 못했다. 하지만 다른 업종의 스타트업이 프로그램만이 아니라 오프라인 업무도 지원한다는 이야기를 듣고, 경비 신청 작업을 대신해주는 서비스까지 함께 제공하기로 했다. 그 결과 타사보다 비싼 가격에 프로그램을 팔 수 있었다.

또한 9장에서 소개할 와큘도 마케팅 업무를 위한 서비스형 소프트웨어SaaS를 제공하면서, 고객이 자사의 프로그램을 제대로 활용하지 못한다는 사실을 알게 됐다. 이 문제를 해결하기 위해 와큘은 고객이 프로그램 활용법을 익힐 수 있도록 지원하고, '1달 반마다 1번씩 원격 회의 서비스'를 제공해서, 계약 해지율을 낮추고 PMF를 달성했다.

시장 변화에 대한 대응

일곱 번째 트리거는 시장 상황이 변했을 때, 변화에 적절하게 대응하는 것이다. 예를 들어 다음과 같은 사건이 벌어지면 시장 상황이 순식간에 변하기도 한다.

- 법률 개정
- 코로나19나 지진 같은 자연재해
- 근무 방식 개혁 같은 사회적 분위기 변화
- 인터넷이나 스마트폰 같은 새로운 기술이나 기기의 급속한 보급

그 결과 시장이나 고객의 니즈가 변하는데, 이 변화에 적절히 대응하면 PMF를 달성할 수 있다.

9장에서 소개할 타이미는 코로나19 확산으로 중심 고객이었던 음식점들이 휴업하면서, 한때 매출이 큰 폭으로 감소했다. 하지만 그 대신 배달과 전자 상거래EC, Electronic Commerce의 수요가 급증하면서, 해당 영역에 인력 부족 문제가 발생했다. 타이미는 이와 같은 시장 변화에 발 빠르게 대응하여 '음식 배달', '소매', '물류' 업계로 서비스 제공 범위를 넓혀서, 코로나19 사태 중에서도 높은 매출을 냈다.

또한 9장에서 소개할 전화 응대 대행 서비스 '폰데스크fondesk'도 코로나19 확산을 계기로 원격 근무 수요가 폭발적으로 증가하면서 사회적 분위기가 바뀌자, 여기에 맞춰 기존에 내세웠던 '생산성 향상에는 폰데스크'라는 마케팅 메시지를 '원격 근무에는 폰데스크'로 변경해, 급성장을 이루어냈다.

지금까지 설명한 PMF 트리거 7가지를 염두에 두고, 9장에서 소개

하는 14개 기업은 어떤 노력을 거쳐 PMF를 달성했는지 조금 더 자세히 들여다보자. 사례마다 마지막에 각 기업의 'PMF 달성 과정'을 간단히 정리해두었으니 참고하길 바란다.

9장
우리는 이렇게 PMF를 달성했다
—14개 기업의 사업 성장 노하우

현재는 눈부신 성장을 이루고 있는 회사들도, 돌아보면 모두 다양한 문제에 직면하여 시행착오를 겪으면서 PMF를 달성한 과거를 가지고 있다.

9장에서는 14개 기업의 생생한 실제 사례를 통해, 지금까지 자세히 언급하지 않았던 PMF 달성 과정을 들여다보자.

고객 만족도 향상을 최우선으로 생각한 '플럭스'

처음으로 소개할 기업은 퍼블리셔를 위한 온라인 매출 증대 서비스 '플럭스 오토스트림FLUX AutoStream'을 운영하는 플럭스FLUX다. 2021년 3월에 10억 엔의 투자를 받으면서 급성장한 플럭스는, 한때 PMF

달성을 위해 제품의 범용화나 조직 확대는 잠시 미뤄두고 오로지 고객만족도 향상에만 주력했다. 당시 과정과 PMF 달성 후의 비약적인 성장에 관해, 플럭스의 나가이 겐지 CEO의 이야기를 들어보자.

PMF 달성 후에 50~60%로 증가한 영업 성공률

2018년 5월에 창업한 FLUX는 2019년 1월에 퍼블리셔를 위한 온라인 매출 증대 서비스 '플럭스 오토스트림'을 출시했다. '플럭스 오토스트림'의 목표 고객층은 웹 미디어나 앱으로 콘텐츠를 올려서 사용자를 모아 광고 수익을 올리는 미디어 기업이다.

광고 수익을 최대로 올려주는 헤더 입찰Header Biding, 광고 지면을 경매에 붙여 최고가로 입찰한 광고주가 낙찰받는 방식을 중심으로, 미디어 데이터 활용과 디지털 광고 사기Ad fraud 대응 솔루션을 제공해서, 미디어를 통해 얻는 수익을 전체적으로 개선해주는 서비스를 지원하고 있다. 현재까지 1,000곳이 넘는 미디어 업체와 이용 계약을 체결했고, 99%가 계약을 유지 중이다.

하지만 창업과 함께 눈부신 성장 가도만 달려온 것처럼 보이는 플럭스도 사실 2019년 후반에야 PMF 달성 조짐이 나타나기 시작했고, 2020년 초반에 이르러서야 그 결과가 매출에 반영됐다. 외국계 컨설팅 기업 베인앤드컴퍼니Bain & Company에서 일하다가, 플럭스를 창업해 밑바닥에서부터 키워온 나가이 CEO는 당시를 이렇게 회상했다.

> 일본의 미디어 기업에게는 생소한 서비스였기 때문에, 초기에는 도입하도록 설득하려면 긴 시간을 들여서 자세히 설명해야 했습니다. 그렇게 확보한 소수의 고객이 계속해서 서비스를 이용하게

하는 단계가 필요했죠. 하지만 PMF를 달성한 후에는 기존 고객들의 추천을 받아 자사의 서비스를 찾는 고객이 늘어났습니다. 그런 고객들은 대부분 서비스에 관해서 이미 알고 있고, 도입을 전제로 문의하는 경우가 많아서, 영업에 나서면 거의 계약을 따낼 수 있었습니다. 영업 성공률이 50~60%로 뛰어올랐죠.

1장에서 PMF를 찾기 전후의 상황을 '큰 바위를 밀며 산을 오르다가, 어느 순간부터 바위가 혼자서 내리막을 굴러 내려가는 상태'에 빗대어 표현했다. 플럭스는 실제로 그런 상황을 만들어냈다.

플럭스는 PMF 과정에서 무엇을 검증했을까?

스타트업의 일반적인 성장 과정을 보면, PMF 전에 PSF(Problem Solution Fit, 문제-솔루션 적합성) 단계를 거친다. PSF 단계에서는 해결해야 할 문제와 그 문제를 해결할 효율적인 방법을 찾는다. 다만 PSF 단계에서 해당 문제를 해결하면 실제로 매출이 상승할지, 시장성이 있는지, 열성적으로 반겨줄 고객 세그먼트가 있는지 같은 항목까지 검증하지는 않는다.

하지만 플럭스는 창업 시점부터 이미 PSF를 완료한 상태였다. 해외 기업의 사례를 통해, 미디어 광고 판매와 광고 수익성 증대라는 문제는 헤더 입찰 방식이라는 솔루션을 적용하면 해결할 수 있다는 사실을 이미 알고 있었다. 다만 일본의 미디어 업계는 광고 대행사들이 시장을 장악한 구조였고, 비슷한 서비스를 대규모로 제공하는 기업도 없었다. 따라서 플럭스가 검증해야 할 문제는 헤더 입찰 방식이 일본 시장에서도 효과를 발휘할 수 있을지, 계속해서 성장할 수 있을

지로 좁혀졌다.

참고로 플럭스가 문제와 솔루션에 관한 아이디어를 발견할 수 있었던 것은 이미 미디어 업계에 관한 지식과 네트워크를 가지고 있었던 덕분이라고 한다.

> 공동 창업자인 히라타 신노스케 CPO는 '가카쿠콤 カカクコム'에서 일할 때 맛집 리뷰 사이트 '타베로그Tabelog'와 온라인 가격 비교 사이트 '가카쿠닷컴kakaku.com'의 수익화를 담당했습니다. 그래서 수익화에 따른 문제나 해결 방법에 관해서는 빠삭했죠. 그리고 저도 미디어 업계에 지인이 많고, 웹 미디어 일을 도왔던 경험도 있었습니다. 그래서 그들이 어떤 문제로 고민하는지 알고 있었죠.

이렇게 해서 플럭스는 '플럭스 오토스트림'을 출시하고 PMF 달성의 길을 걷기 시작했다.

무조건 고객 만족도를 높여라

'플럭스 오토스트림'의 목표 고객층은 중견기업과 대기업이었다. 서비스 이용료 체계는 단순하다. 기본 이용료에 더해서, 매출이 증가하면 증가분에 따라 추가 요금을 내는 방식이다. 따라서 플럭스는 PMF 단계에서 '이용료를 낼 수 있을 만큼 고객의 매출을 올릴 수 있을지'를 검증했다.

검증을 위해 우선 자사의 서비스를 도입한 5개 회사를 대상으로 고객 만족도를 높이는 일에 주력했다. 출시하고 6~10개월까지는 일단 자사의 매출은 신경 쓰지 않기로 했다. 또한 대상으로 선정한 5개 회사는 업계 상위의 대기업으로 한정했다.

> 업계에서 어느 정도 이름을 알린 5개 회사, 예를 들어 대형 IT 기업의 플랫폼이나 대형 출판사가 발행하는 인터넷 경제지를 타깃으로 정했습니다. 거기서 실적을 올리면 동종 업계 타사들도 자연스럽게 '그 기업이 쓰는 서비스라면 우리도 써보자'라고 생각할 테니, 마케팅 측면에서 효과적이라고 생각했거든요. 실제로 PMF를 달성한 후에는, 영업할 때 대기업에서 성과를 냈다는 사실이 강력한 무기가 됐습니다.

하지만 서비스 제공 초기에는 생각만큼 수익이 나지 않았고, 서비스 자체도 개선점투성이였다. 지금은 '플럭스 오토스트림'을 이용하면 최소한 20~40% 매출이 증가하지만, 당시에는 고작 3%대에 그칠 때도 있었다.

> 비슷한 사업을 하는 해외 기업을 벤치마킹해서 조금씩 개선해나갔지만, 초기에는 엔지니어가 CTO 1명뿐이었기 때문에 상당히 힘들었습니다. 처음 서비스를 이용해달라고 영업할 때나, 그 후에 계속 이용하달라고 설득할 때나, 주먹구구로 어설프게 대응하는 일이 많았죠.

이때도 나가이 CEO와 히라타 CPO가 가지고 있던 업계 네트워크가 큰 도움이 됐다. 알고 지내던 담당자를 통해 고객이 결제할 수 있는 금액 수준을 미리 파악해서 조정해주었고, 그 후에도 계속 고객과 소통하면서 사소한 버그가 발생하거나 바로 성과가 나오지 않아도 당분간은 지켜봐주도록 신뢰 관계를 쌓았다.

제품의 범용성도 나중 문제

나가이 CEO의 말처럼, PMF 단계에서 대기업에 서비스를 제공하면 마케팅 측면에서는 많은 이점을 얻을 수 있다. 하지만 제품 측면에서 보면, 대기업은 범용성이 낮아 영역을 넓히기 힘든 자사만의 맞춤 기능을 요구하는 경우가 많다. 그러다 보니 고객의 요구를 어디까지 들어주어야 할지 고민하는 기업도 많다. 그렇다면 플럭스는 어떤 방침을 세웠을까?

> 처음 고객으로 선정한 5개 회사에 한해서는 원래라면 받아들이지 않았을 요구까지 다 맞춰주었습니다. 서비스 자체를 바꿨으면 좋겠다는 피드백이 있었을 정도였어요. 하지만 당시에 설정한 가장 중요한 목표가 특정 회사의 고객 만족도 향상이었기 때문에, 범용성은 일단 생각하지 않기로 했습니다.

플럭스는 PMF를 달성할 때까지는 무조건 고객의 요구 사항을 맞추는 일에 집중하기로 했다. 다만 나가이 CEO는 플럭스의 서비스를 전체 대중이 아니라 특정 업계에 특화된 형태로 제공하기 시작했고, 당시에는 대상 고객을 중견기업이나 대기업에 한정했기 때문에, 이와 같은 방침을 세울 수 있었다고 덧붙였다. 플럭스도 PMF를 달성한 후에는 영역을 폭넓게 확장해서 다양한 고객에게 서비스를 제공하고 있다.

조직도 늘리지 않고 PMF에만 집중했다

또한 플럭스는 PMF에 도달하기 전까지는 조직 체계를 확장하거나 정형화하지 않는다는 방침도 세웠다. 앞에서 언급했듯이, 플럭스에 처음으로 PMF 달성 조짐이 나타나기 시작한 시기는 2019년 후반이었고, 그때까지는 창업 멤버 4명이 회사를 운영했다. 당연히 도입 기업을 더 늘리려고도 하지 않았다.

> B2B 상품이나 틈새 상품은 구매할 때 업계에서의 평판이 매우 중요하기 때문에, 제품이 불완전한 상태에서 확장부터 하게 되면 마이너스 요인으로 작용할 수 있습니다. 누가 팔아도 팔 수 있고 개발이나 보수 관리에서도 재현성을 확보할 때까지는, 조직을 늘릴 필요가 없다고 생각했습니다.

정형화를 통한 재현성 향상

다만 PMF를 달성하기 전부터 조직 확대를 염두에 두고 준비하기는 했다. 구체적으로는 사업 부문을 '영업', '고객 성공CS', '제품'으로 나누고, 재현성을 높일 수 있도록 정형화된 '틀'을 만들었다. 지금도 PDCA Plan-Do-Check-Act, 계획-실행-평가-개선를 돌리면서 그 틀을 계속 수정해가고 있다.

> 영업 부문은 영업 자료 작성부터 매출 산출 시뮬레이션까지를 어느 정도 정형화시켰습니다. CS 부문은 고객과 소통하는 방식을, 제품 부문은 솔루션 설계자와 CS 엔지니어 부문을 정형화하고 있습니다.

실제로 플럭스는 PMF를 달성한 후에 조직도를 새로 작성하고 급하게 채용을 진행했지만, 정형화된 '틀'이 있었기 때문에 신입 직원도 빠르게 적응할 수 있었다고 한다. 플럭스의 사원은 2022년 8월 기준으로 아르바이트와 인턴을 포함해 150명으로 늘었다.

또한 PMF를 달성한 이후 판매 확대를 추진할 때는 얼라이언스나 파트너십을 중심으로 진행했다. 특히 얼라이언스 구축은 시행 초기부터 반응이 좋았다. 그렇게 서비스를 이용하게 한 후에, 고객의 매출이 어느 정도 증가하면 그때 이용 요금을 조정했다. 이때는 고객의 반응보다 자사 영업 담당자의 의견을 중시했다. 영업 담당자에게 이 정도면 고객사가 견적을 요청할 만한 수준인지 확인하면서 적정한 가격을 찾아갔다.

고객 피드백과 NPS 활용

플럭스는 PMF를 달성하기 전부터 끊임없이 고객 피드백에 귀를 기울여왔다. 그리고 NPS순 추천 고객 지수를 개발한 베인앤드컴퍼니에서 일했던 나가이 CEO의 영향으로 초기부터 NPS를 활용했다. NPS는 매달 조사하면 응답률이 떨어질 수 있지만, 반대로 기간이 너무 벌어지면 경향성을 볼 수 없기 때문에, 현재는 분기 단위로 조사하고 있다. 일반적으로 NPS는 경쟁사와 자사의 상황을 비교할 목적으로 조사하는 지표지만, 동종 업계 경쟁사가 적은 플럭스는 지난 분기 조사 자료와 비교해서 개선 정도를 측정하는 용도로 활용한다.

> 서비스의 부족한 부분을 찾아 개선하기 위해서 NPS를 활용하고 있습니다. 개선 과정은 정례회의에서 CS 부문과 제품 부문의 직원들이 머리를 맞대어 개발해야 할 기능과 그럴 필요가 없는 기능이 무엇인지 토론해서, 개발할 기능의 우선순위를 정하는 식으로 진

행됩니다. 기능을 개발할 필요가 없는 프로세스 관련 문제라면, CS에서 빠르게 대응하고 있습니다.

철저한 조사와 적합한 성과 지표 설정

나가이 CEO는 지금까지의 과정을 돌이켜보며, PMF 달성의 결정적 계기로 작용했던 행동을 몇 가지 꼽았다. 그중 하나는 시장에 뛰어들기 전에 경쟁사들을 꼼꼼히 조사했던 일이었다.

> 처음에 말씀드렸듯이 플럭스가 진출한 영역은 이미 PSF가 검출된 상태여서, 먼저 뛰어든 사람이 장악할 수 있는 상황이었습니다. 그런데도 진출한 회사가 없었죠. 나중에 규모가 큰 회사가 뛰어들면 상대가 되지 않을 것이 분명했기 때문에, 그들이 왜 진출하지 않는지 신중하게 검토했습니다. 해외 업체를 포함해서 대략 60개 회사에 조언을 구했죠. 하지만 반대로 세상에 새로운 가치를 제공하는 제품이고, 새로운 시장을 만드는 경우라면, 그렇게까지 철저히 조사할 필요는 없다고 생각합니다. 고객 인터뷰를 진행해서 고객 심리를 파악하고 고객에게 제품을 맞춰가면 되지 않을까요?

그리고 PMF 달성 정도를 검증할 지표를 미리 정해둔 일도 결정적인 계기로 꼽았다.

> 플럭스가 검증할 항목은 매출 증대revenue uplift, 즉 고객의 매출을 얼마나 올릴 수 있는지뿐이었습니다. 처음부터 그렇게 정했기 때문에, 어디까지 맞춰줘야 하는지나 자사의 매출로 이어지지 않을지도 모른다는 점을 신경 쓰지 않고 사업을 추진할 수 있었죠. KPI

Key Performance Indicator, 핵심 성과 지표는 1개에서 3개 정도로 설정하는 편이 좋다고 생각합니다.

현재 플럭스는 기존 고객을 대상으로 한 크로스셀링을 중심으로 사업을 추진하고 있지만, 프로젝트 포트폴리오 회의를 통해 다음 PMF도 준비하고 있다. 플럭스는 1차 PMF 달성을 통해서 '실제 고객에게 제공해보지 않으면 알 수 없다'라는 교훈을 얻었다고 한다.

플럭스의 PMF 달성 과정을 정리하면 다음과 같다.

플럭스의 PMF 달성 과정

✓ 초기 고객사를 5곳으로 한정해, 고객의 매출을 올려주는 서비스가 될 때까지 개선을 거듭했다.
✓ 초기 고객사 5곳은 업계에서 유명한 대기업으로 선정했다.
✓ 비슷한 사업을 하는 해외 기업을 조사했다.
✓ 사업 부문을 영업, 고객 성공, 제품으로 나누고, 재현성을 위해 정형화된 '틀'을 만들었다.
✓ 분기별로 NPS를 측정하고 있다.

(https://sairu.co.jp/method/5650)

독창적인 콘셉트를 신조어로 만든 '허프'

두 번째 사례는 스크럼 채용 플랫폼 '허프 하이어HERP Hire'와 재능 관리 플랫폼 '허프 너처HERP Nurture'을 운영하는 허프HERP의 성공 스토리다. 허프는 원래 '인사 업무의 부담을 없애는 AI 리크루팅 플랫폼'이라는 콘셉트를 내걸고 서비스를 제공했지만, 유료 전환 후 고객의 반응을 확인하는 과정에서 콘셉트를 다시 고민하게 됐다. 이때 탄생한 신조어 '스크럼scrum 채용'이 허프가 제공하는 가치를 명확하게 드러내준 덕분에, 허프는 사업의 전환점을 맞이할 수 있었다. 당시 상황을 쇼다 이치로 CEO의 이야기를 통해 들여다보자.

PMF는 제품의 기능과 콘셉트가 시장에 딱 들어맞은 상태

허프가 제공하는 서비스 '허프 하이어'는 모든 직원이 자사의 채용 활동에 참여해서 채용의 질과 성과를 높이는 채용 관리 플랫폼이다. 여러 구인 매체에 올라오는 지원자 정보를 자동으로 연계하고, 슬랙Slack 같은 메신저를 통해 정보를 쉽게 공유할 수 있도록 해서, 직원들이 편하게 채용 활동에 참여할 수 있게 돕는다.

또한 허프는 앞으로 함께 일하고 싶은 사람의 정보를 모아두는 재능 관리 플랫폼 '허프 너처'(베타 버전)도 운영하고 있다. 주요 고객은 IT 계열의 스타트업이지만, 최근에는 대기업의 DX 추진실에서 서비스를 도입하는 사례도 늘고 있다고 한다.

허프는 모든 직원이 채용에 참여해서 채용의 질과 성과를 높이는 방식을 '스크럼 채용'이라 명명하고, 이 명칭을 전면에 내세워 영업과 마케팅을 진행하고 있다. 쇼다 CEO는 허프의 서비스에 대해 이렇게 설명한다.

> 일본의 채용은 일반적으로 경영진이 원하는 인재와 목표 인원수를 정하면, 인사팀이 수백, 수천 명의 이력서를 받아서 검토하는 방식으로 진행됩니다. 이런 채용 과정에서 민주적인 의사결정이 이루어질 수 있도록 하는 것이 허프가 추구하는 이상입니다. 지금

어떤 인재가 필요한지는 현장 직원이 가장 잘 알고 있습니다. 그렇다면 필요한 조건, 인원 규모, 기한을 정할 때, 현장의 목소리를 더 반영해야 하지 않을까요? 허프는 그런 채용 문화를 원하는 회사를 지원하기 위해 서비스를 개발하고 제공합니다.

하지만 사실 허프가 초기 랜딩 페이지에 공개했던 콘셉트는 '인사 업무의 부담을 없애는 AI 리크루팅 플랫폼'이었다. 지금 보면 개선할 부분이 참 많은 홍보 문구이다. 쇼다 CEO는 이 초기 콘셉트를 재검토해서 다듬은 덕분에, 허프가 PMF를 달성할 수 있었다고 평가했다.

창업 초기에는 PMF가 요즘 유행하는 '제품 주도 성장PLG, Product-Led Growth'과 마찬가지로 제품 자체가 바이럴로 이어지는, 즉 제품만 좋으면 특별한 수단을 쓰지 않아도 알아서 퍼져나가는 상태를 의미한다고 생각했습니다. 그래서 자동화와 효율화 기능을 제공하고 일단 한번 써보게 하면, 그다음에는 인사 업무 관계자들의 입소문을 타고 퍼져나갈 거라고 생각했죠. 하지만 지금은 그렇게 생각하지 않습니다. PMF는 '기능과 콘셉트가 둘 다 시장에 딱 들어맞은 상태'를 의미합니다.

여기서 말하는 제품 주도 성장이란 고객의 확보, 전환, 확대에 이르는 전체 과정을 이끄는 힘은 (영업이 아니라) 제품에 있다고 생각하는 성장 모델로, 미국의 벤처 캐피털 '오픈뷰OpenView'가 제시한 개념이다.

쇼다 CEO의 말을 빌리자면 (1) 제품에 관한 시장의 인식이 어느 정도 통일되어 있고, (2) 시장이 해당 제품을 원한다는 사실을 알고 있을 때, (3) 그들의 니즈를 실현한 제품이 있다는, 이 3가지 조건이 갖추어진 상황이 PMF이며, 이때가 마케팅 전략을 추진해야 할 타이밍이다.

베타 버전으로 인사 담당자의 니즈를 확인

쇼다 CEO가 창업 초기에 가장 먼저 해결하고자 한 문제는 인사 담당자들이 안고 있는 고민이었다. 당시에는 채용 관련 정보가 여러 플랫폼에 흩어져 있어서, 이를 확인하고 통합하려면 품이 많이 들었다. 쇼다 CEO는 이 문제를 해결하기 위해, 각 구인 매체에 있는 정보를 하나의 앱에서 확인할 수 있는 API를 채용 관리 시스템 업체에 제공하기로 했다. 하지만 기술적인 문제에 부딪혔고, 결국 직접 시스템을 개발하기로 방침을 변경할 수밖에 없었다. 그는 우선 스프레드시트spread sheet에 모든 지원자의 정보가 자동으로 반영되는 시제품을 만들어서, 당시 채용 컨설팅을 제공하던 고객사에 제공했다. 반응은 생각보다 폭발적이었다.

> 채용 과정의 일부분일 뿐이었지만, 모두가 자동화라는 솔루션을 원한다는 사실을 알았습니다. 그때부터 창업 멤버 모두가 본격적으로 채용 관리 시스템을 만들어보자고 의기투합했죠.

2017년 3월, 허프는 창업과 동시에 서비스의 베타 버전을 발표했다. 바로 300~400개 회사에서 문의가 쏟아졌고, 몇 개월 후에는 650곳에 달했다. 허프는 컨설팅을 요청하거나 문의했던 기업 중에서 테스트 사용자로 적합한 회사를 골라 협조를 부탁했다.

그 후로 계속 기능을 추가하며 사용자 테스트를 거듭해서, 2018년

여름부터는 조금씩 유료 서비스로 전환해나갔다. 쇼다 CEO는 유료 서비스로 전환한 이유를 이렇게 설명했다. "무료로 서비스를 이용한 고객에게 훌륭하다는 평가를 듣는 것과, 실제 돈을 받고 고객사의 사내 업무 체계 전체를 바꾸는 작업을 하는 것 사이에는 큰 차이가 있습니다." 실제로 허프는 유료 전환 이후에 무료로 서비스를 제공할 때는 드러나지 않았던 문제에 직면했고, 이 일은 앞서 이야기한 콘셉트 변경의 중요한 계기가 되었다.

유료 전환으로 드러난 경영진의 심리와 예산 문제

기업이 비용을 지급하려면 기본적으로 경영진에게 품의 결재를 받아야 한다. 따라서 서비스를 도입해야 하는 이유를 인사 담당자만이 아니라 경영진에게도 이해시켜야 한다. 쇼다 CEO는 유료 전환을 하고 나서야 이 사실을 통감했다. 유료로 전환하자 출시 당시 반응과는 달리 잘 팔리지 않았다. 이때 경영진에게 '자동화로 시간이 남으면, 그 시간에 인사 담당자에게 무슨 일을 시켜야 할지 모르겠다'거나 '실제 채용까지 이루어진다면 모를까, 단지 자동화되는 것뿐이라면 굳이 도입할 필요가 없다'는 솔직한 의견을 들을 수 있었다.

> 그때 채용 성과를 보장해주어야 한다는 사실을 깨달았습니다. 또한 자동화로 인해 달라질 '인사 담당자들의 자세'도 제시해야 한다는 교훈을 얻었죠. 솔루션은 고객의 니즈에 부합했지만, 막상 시장은 없는 상태였던 겁니다.

또한 당시에는 채용 관리 시스템에 쓸 예산을 확보해둔 기업이 거의 없었고, 있다고 해도 인재 확보 비용 정도였다. 이때부터 쇼다 CEO는 시장 자체를 만드는 일에 착수했다. 다시 말해 기업의 예산 계정 항목을 하나 더 추가하려면 어떻게 해야 할지를 생각하고, 이를 실행에 옮겼다.

고민 끝에 도출해낸 독창적인 콘셉트의 성공

'허프의 서비스는 단순히 인재와 인재 정보만을 제공하지 않는다.' 허프는 이러한 신념을 바탕으로 어떻게 하면 고객사에 도움이 될지를 끊임없이 논의했고, '채용 역량 향상에 공헌하는 서비스'로 방향을 잡았다. 쇼다 CEO는 일본 기업이 특히 업무 중심의 채용에서 문제를 겪는다고 판단하고, 전문직 채용을 지원하는 쪽에 초점을 맞췄다.

> 예를 들어 우수한 엔지니어를 채용하려면, 사내 엔지니어가 채용 활동에 참여해야 합니다. 그러려면 인사팀이 주체가 되어 현장과 협력 관계를 형성해야 하죠. 이 부분을 실현할 수 있도록 지원해야겠다고 생각했습니다. 그래서 현장과 함께 채용 활동을 한다는 아이디어를 '전 사원 참여형 채용'이라는 콘셉트로 정리해서 영업 미팅을 하러 갔죠. 그러자 수주율이 올라가기 시작하더군요. 그때 '이 콘셉트라면 되겠다'는 느낌이 왔습니다.

예산 확보를 위한 논리도 정리했다. 허프의 서비스를 도입해서 기존의 에이전트를 통한 채용을 추천 채용으로 바꾸면 1인당 어느 정도의 비용을 절감할 수 있는지, 경제적 가치를 계산해 구체적으로 제시했다.

그러던 중 피칭 이벤트에서 한 어드바이저의 조언을 듣고, '전 사원 참여형 채용'이라는 콘셉트를 한층 더 업그레이드하게 됐다.

"좋은 콘셉트가 제품 도입에 효과를 발휘한 사례는 많다. 만약 콘셉트로 마케팅 효과를 보고 싶다면, '전 사원 참여형 채용'이 아니라 한눈에 이해할 수 있는 자사만의 독창적인 키워드가 필요하다." 당시 이런 피드백을 받았습니다. 바로 사내로 돌아가 아이디어 회의를 시작했죠. '임플로이 리크루팅employ recruiting'이나 '자율 구동 채용' 같은 다양한 안이 나왔지만, 최종적으로 '스크럼 채용'으로 결정했습니다.

'스크럼 채용'이라는 명칭을 사용한 지 단 몇 주 만에 업계에 입소문이 퍼지기 시작했다. 쇼다 CEO의 말에 따르면 랜딩 페이지를 바꾸고 스크럼 채용에 관한 기사를 올리자, 어느 순간 스크럼 채용을 내세운 컨설팅 회사들이 생겨나고, 인적자원HR 관련 미디어가 하나같이 '스크럼 채용이란 무엇인가'를 다룬 기사를 썼다고 한다. 예상보다 큰 효과에 기쁘기는 했지만, 스크럼 채용은 허프의 서비스를 의미하는 명칭이었기에, 우선 상표를 등록하고 '스크럼 채용'을 내세운 자료들의 내용을 확인해서 허프의 상표라는 사실을 명기하도록 협상도 해야 했다.

마케팅 효율을 높인 강렬한 콘셉트

'스크럼 채용' 콘셉트는 마케팅 측면에서도 효과를 발휘했다. 고객에게 전달할 메시지를 통일할 수 있어서 비용이 절감됐고, 스크럼 채용이라는 개념에 공감한 기업과 담당자들을 잠재고객lead으로 확보해서 구매하도록 이끄는 리드 너처링Lead Nurturing까지 순조롭게 이어졌다.

> 우선은 시장에 맞는 콘셉트를 찾고, 그 콘셉트를 바탕으로 마케팅을 해서, 서비스형 소프트웨어SaaS의 하나로서 영업을 합니다. 이 순서로 진행하면 놀라울 정도로 효율이 높다는 사실을 알았습니다. 그래서 지금은 영업할 때도 먼저 고객에게 콘셉트를 확실하게 이해시킨 다음, 스크럼 채용을 실현하기 위해 자사의 서비스를 도입하게 하는 프로세스를 철저하게 지키고 있습니다.

다만 기능 개발 측면에서 균형을 맞추는 일이 쉽지는 않았다. 예를 들어 스크럼 채용을 위한 기능 개발과 눈앞의 사용자가 원하는 기능 개발, 둘 중 무엇을 우선해야 할지 고민이었다. 또한 사용자는 원하지만, 실제로는 스크럼 채용에 방해가 될 수 있는 기능은 어떻게 처리해야 할지도 문제였다. 쇼다 CEO가 회의를 통해 어느 기능을 제외할지 정하는 일이 점점 어려워졌다고 언급했을 정도다.

피드백을 주는 사용자는 '보물 같은 존재'

콘셉트 수립에 더해, 허프의 PMF 달성을 이끈 또 하나의 요인은 고객 피드백을 자주 들을 수 있는 환경이었다. 허프는 문제 해결에 얼마나 적합한 솔루션인지를 측정하는 지표로 NPS순 추천 고객 지수를 채택했고, 어느 정도 기간이 지난 후부터는 매달 숀 엘리스 테스트를 시행해 고객 의견을 받았다. NPS는 고객 충성도와 계속 사용할 의향이 있는지를 파악하는 지표이며, 숀 엘리스 테스트는 '이 제품을 사용할 수 없다고 하면, 어떻게 느껴지는지'를 물어 해당 제품이 고객에게 'Must have_{반드시 있어야 하는 것}'인지 확인하게 해준다(6장 참고).

허프는 사용자들을 모아 슬랙에 커뮤니티를 만들고 설문조사를 시행했다. 그뿐만 아니라 기능 추가 공지나 사용자 의견 모집도 해당 채널을 통해 알렸다. 커뮤니티를 통해 소통하면서 고객의 솔직한 답변을 얻을 수 있는 체계를 구축한 것이다. 현재 해당 커뮤니티에는 500명이 활동하고 있는데, 쇼다 CEO는 그들을 '제품을 효율적으로 개선할 수 있도록 도와주는 보물 같은 존재'라고 표현했다.

그는 초창기부터 사용자와의 관계 구축을 무엇보다 중요하게 생각해왔다고 밝혔다. 또한 허프는 고객층이 IT 관련 스타트업과 인사 담당자였던 덕분에 프로그램을 이용한 소통의 진입 장벽이 낮았고, 인맥을 통해 초기 사용자를 확보할 수 있었던 점도 영향을 미쳤다고 덧붙였다.

PMF를 달성하고 싶다면 순서를 지켜라

쇼다 CEO에게 PMF 달성을 위한 조언을 부탁하자, 이런 답변이 돌아왔다.

> 우선은 콘셉트가 있어야 합니다. 그 후에 자사 상품에 어떤 회사가 예산을 쓸지 확인합니다. 그리고 그다음에 개발이나 마케팅을 추진해야 합니다. 이 순서를 지키지 않으면 앞으로 나아갔다가 다시 돌아오는 과정을 계속 반복하게 됩니다.

더불어 초기에 사용자와 끈끈한 관계를 형성하는 일은 제품 개선의 효율성이라는 측면에서뿐만 아니라, 다른 관점에서도 중요하다고 강조했다.

저는 창업자에게 가장 중요한 요소가 동기부여라고 생각합니다. 포기하면 완전히 끝나기 때문에, 한계까지 내몰리지 않으려면 반드시 위험 요소를 분산 risk hedge해야 합니다. 사용자와 끈끈한 관계를 형성해두면 도움이 됩니다. 계속 시장과 회사의 관계만 생각해서는 동기를 유지할 수 없습니다. 하지만 사용자와 이야기를 나누어보면, 그들이 정말 불편하게 느끼는 부분을 알게 되고, 그 부분을 해결할 수 있을 것 같은 기대감도 생기게 되죠.

쇼다 CEO는 '언젠가는 시장이 생기고, 최적의 콘셉트를 찾는 날이 온다'는 믿음을 잃지 않도록, 그 과정에서 힘이 빠지지 않도록, 사용자와 이어진 접점을 소중하게 생각해야 한다고 강조했다. 그는 직원 한 사람 한 사람이 적극적으로 채용 활동에 참여하는 미래를 실현하기 위해, 지금도 계속 도전하고 있다.

허프의 PMF 달성 과정을 정리하면 다음과 같다.

허프의 PMF 달성 과정

✓ 고객과 끈끈한 관계를 형성해서 피드백을 자주 받았다.

✓ 고객의 니즈를 확인하고서 유료로 전환했다. 이때 고객은 어디에 예산을 쓰는지, 결재권자는 무슨 생각을 하는지를 알게 됐다.

✓ 시장에 맞는 최적의 콘셉트를 찾을 때까지 끊임없이 고민했다.

✓ 콘셉트에 따라 개발과 마케팅 전략을 추진했다.

(https://sairu.co.jp/method/5656)

끊임없이 현장을 관찰하고 고객 의견에 귀 기울인 '코드몬'

세 번째로 살펴볼 기업은 현재 일본에서 약 1만 2,000개 시설이 이용하고 있는 어린이집·교육 시설용 ICT 시스템 '코드몬CoDMON'을 비롯해, 어린이집 교사 채용 지원 서비스 '호이실HoiciL'과 어린이집 교사 연수 서비스 '코드몬 칼리지', 아동용품 인터넷 쇼핑몰 '코드몬 스토어'를 운영하는 '코드몬CoDMON'이다. '코드몬'은 원래 어린이집에서 위탁받아 개발한 시스템을 발전시켜 완성한 서비스인데도, 한때는 시장에서 외면당했다. 하지만 코드몬은 포기하지 않고 끊임없이 고객 의견에 귀 기울이며 제품 기능과 전달하는 메시지를 개선해 나갔다. 그러던 중 시대 변화와 맞물려 성장의 기회가 찾아왔다. 고이케 요시노리 대표이사가 말하는 코드몬의 성장 스토리를 들어보자.

성장의 발판이 된 시장의 변화

고이케 대표는 2009년 주식회사 스파인 랩Spine Lab을 창업했고, 2018년 11월에 코드몬이 신설 법인으로 분할되어 나왔다. 초창기 스파인 랩은 외부 의뢰를 받아 인터넷 시스템을 기획하거나 디자인하는 사업이 중심이었는데, 당시 고객에게 의뢰받아 개발한 시스템이 어린이집 업무 지원 시스템 '코드몬'의 시초가 되었다. 1년에 걸쳐 개발한 시스템이 고객에게 좋은 평가를 받자, 해당 시스템을 발전시켜 상품화하여 2015년에 정식으로 '코드몬'을 출시했다.

현재는 어린이집이나 유치원에서 근무하는 교사와 보호자가 느끼는 육아의 부담을 줄여서 편안하게 아이를 돌볼 수 있도록 지원하는 서비스로 발전했으며, 이를 위한 다양한 기능을 갖추고 있다. '코드몬'은 2021년 4월 기준으로 일본에 있는 약 8,000개의 시설과 14만 명의 어린이집 교사가 이용하는 서비스로 성장했다.

코드몬에 성장의 기회가 찾아온 시기는 2016년이었다. 고객 의견에 귀를 기울여가며 각 기능과 서비스에서 사용하는 용어들을 개선하던 중, 어린이집이 ICT 시스템을 도입하면 보조금을 지급해주는 제도가 생겼다. 고이케 대표는 당시를 회상하며 '시대의 변화'가 찾아왔다고 표현했다. 결과적으로 코드몬은 이때 PMF를 달성하고, 그 기세를 몰아 크게 성장할 수 있었다. 보조금이 지급된 첫해에만 '코드몬'을 도입한 시설이 400곳에 달할 정도였다.

하지만 성공에 이르기까지 코드몬이 걸어온 길이 순탄하지만은 않았다. 개선을 거듭하면서 '제품과 시장을 맞춰가는 과정'을 거쳐야만 했다.

호평을 받았지만 팔리지 않는 제품

'코드몬'의 시초가 된 시스템은 원래 두 종류의 어린이집이 가진 니즈에 대응해서 개발되었다. 바로 도쿄도 인가 어린이집과 비인가 어린이집이었다. 우선 인가 어린이집 여러 곳을 운영하는 한 사업자가 '현장에서는 비용 청구 관련 정보를 전혀 알 수 없다'라는 문제를 제기했고, 이에 대한 솔루션이 필요했다. 당시 어린이집은 모든 정보를 문서로 관리하고 있었기 때문에 번거롭고 복잡했고, 본부로 올라오는 정보의 정확성도 확신할 수 없는 상태였다. 그래서 코드몬은 현장의 부담은 늘리지 않으면서 현재의 불명확한 상태를 개선했으면 좋겠다는 니즈에 대응할 수 있는 기능을 개발했다.

한편 비인가 어린이집은 '보호자에게 부가가치를 제공하고 싶다'

는 니즈가 강했다. 비인가 어린이집은 지자체에서 보조금을 받을 수 없기 때문에, 보호자에게 비싼 이용료를 받아서 시설을 운영한다. 따라서 비인가 어린이집의 관점에서 보면 보호자는 '고객'이며, 보호자들의 선택을 받기 위해서는 특별한 부가가치를 제공해야 했다. 그런 취지에서 자녀의 보육 내용을 정확히 알 수 있고 연락 기능도 있는 앱이 있었으면 좋겠다는 요청이 있었다.

코드몬은 1년이라는 시간을 들여 시스템을 개발했고, 양쪽 어린이집에서 모두 좋은 평가를 받았다. 그래서 코드몬은 다른 어린이집에서도 '코드몬'의 기능을 이용할 수 있도록 클라우드 서비스로 전환하기로 했다. 당시 고이케 대표는 자신감에 차서 사업을 추진했지만, 막상 뚜껑을 열어보니 원장은 물론 현장 교사의 반응도 싸늘하기만 했다. 실상 어린이집은 보호자를 위한 앱에 관심이 없었고, 당연히 도입하겠다는 곳도 없었다.

> 어린이집 대부분은 인가 시설이었고, 그런 어린이집은 보호자를 '고객'이 아니라 '이용자'로 생각했습니다. 보조금이 나오고 어린이집 입소를 기다리는 대기 아동도 많은 상황이라, 원아 모집에 힘을 들일 필요가 없었죠. 그보다는 오히려 직원 채용에 더 어려움을 느끼고 있었습니다. 보호자에게 부가가치를 제공하기보다는, 현장 직원의 부담을 덜어주었으면 좋겠다는 마음이 먼저였던 거죠. 특히 컴퓨터 사용에 익숙하지 않은 사람이 많은 업계여서, 기능을 설명하면 "보육 교사의 부담이 늘어날 것 같다. 그냥 하던 대로 문서로 작업하겠다"라고 거절당할 때가 많았습니다.

당시 다이렉트 메일을 이용해 마케팅도 열심히 했지만, 반응을 보이는 곳은 비인가 어린이집뿐이었다. 하지만 업계 전체에 보급하려면 반드시 인가 어린이집의 관심을 끌어야만 했다.

> 저 역시 아이를 키우는 부모였기 때문에 보호자를 위한 앱을 널리 보급하고 싶었습니다. 그래서 처음에는 '디지털 원아 수첩'이라는 콘셉트로 홍보했죠. 그런데 인가 어린이집들에서는 전혀 반응이 없었습니다. 보호자의 만족도가 높다고 아무리 설명해도 관심을 보이지 않았죠. 그제야 제 생각과 시장의 니즈에 차이가 있다는 사실을 깨달았습니다.

고객의 목소리에 귀 기울이며 제품 개선과 용어 변경에 매진

코드몬은 그때부터 몇 달간 고객의 의견을 분석하고, 시장에 대한 해상도를 높여서 서비스를 개선하는 일에 매달렸다. 그런 기간이 있었기에 '코드몬'은 PMF를 달성할 수 있었다. 당시 고이케 대표는 기능 개발뿐만이 아니라 사용하는 '용어'를 고치는 일에도 상당한 노력을 기울였다. 서비스 내에서 사용하는 용어뿐만 아니라, 마케팅 활동에서 사용하는 용어까지도 시행착오를 겪어가며 계속해서 다듬었다.

> 예를 들어 '보호자 만족도'처럼 어린이집 업계에 어울리지 않는 용어는 소구력을 고려해서 사용하지 않기로 했습니다. 또한 보육 업무에 관해서 이야기할 때 '효율화'라는 표현도 쓰지 않기로 했어요. 어린이집 업계에는 '효율화'가 보육의 질을 떨어뜨린다는 인식이 있거든요. 그래서 영업이나 마케팅 활동을 할 때 '효율화' 대신 '생력화 省力化, 노동력 절감'라는 용어를 썼습니다. 고객 반응을 직접 확인하면서 용어들을 조금씩 다듬는 과정을 반복했습니다.

앞에서 이야기했듯이, 코드몬이 제품 개선에 매진하고 있던 시점에 '보조금 지급 제도'라는 변수가 생겼고, 이런 시대의 변화에 맞물려 사업은 성장 궤도에 올랐다. 당시에 사용자들의 의견을 바탕으로 서비스의 중심축을 '보호자 만족'에서 '어린이집 교사의 업무 생력화'로 옮기고, 어린이집의 서류 업무를 시스템상에서 관리할 수 있는 기능을 추가한 점이 PMF 트리거로 작용했다.

> 보조금 지급이라는 행운도 있었지만, 어린이집 교사의 업무를 줄여주는 기능이 핵심이었기 때문에, 결과적으로 당시 PMF에 가까이 다가갈 수 있었다고 생각합니다. 만약 '원아 수첩 앱'이었다면 애당초 보조금 지급 대상에 들어가지도 못했을 테니까요.

그 후 코드몬은 '힘들게 바위를 밀며 오르막을 오르는 상태에서, 갑자기 내리막을 만나 바위가 저절로 굴러 내려가는 상태'로 바뀌는 PMF 달성 전후의 변화를 경험했다. 특정 시간대에는 전화가 멈추지 않고 계속 울리는 등, 환경이 갑자기 180도 달라졌다.

보조금 활용이라는 요소가 '이노베이터' 층을 움직였고, 검색엔진이나 다이렉트 메시지를 통해서도 문의가 끊이지 않았다. 여기에 더해 원래 인터넷 마케팅에 대한 지식이 있던 고이케 대표가 SEO_{Search Engine Optimization, 검색 엔진 최적화} 같은 기본적인 마케팅 기법을 활용했던 부분도 효과를 발휘했다.

본질적인 니즈를 파악하고 싶다면 현장에 나가 고객을 이해하라

인원이 늘어나고 조직 체계가 확충되면서 약간 변한 부분도 있지만, 코드몬은 지금도 여전히 현장의 목소리에 귀를 기울인다. 1달에 1번은 기존 사용자를 대상으로 설문조사를 실시해 서비스의 개선점을 찾고 있다. 또한 새로운 기능에 관해서는 기존 사용자에게 일괄적으로 실시하는 설문조사 외에, 헤비 유저와 타깃 유저를 대상으로 심도 있는 의견 청취를 진행하기도 한다.

> 시장의 니즈를 정확하게 파악하려면 반드시 직접 고객을 찾아가서 현장을 관찰해야 합니다. 예를 들어 방과 후 돌봄 시설을 대상으로 판매를 강화할 때도, 관련 사업자에게 부탁해서 현장을 방문했습니다. 직접 현장을 관찰하면서 고민이나 과제, 해결 방향을 조사했죠. 현장의 선생님들은 지도하는 일이 직업이다 보니, 질문을 하면 흔쾌히 가르쳐주십니다. 정말 큰 도움이 됐습니다.

현재 '코드몬'을 이용하고 있는 방과 후 돌봄 시설은 1,400곳이 넘는다. 하원 마중 예약 기능을 비롯한 타사 서비스에는 없는 기능에 대한 니즈를 적극적으로 반영했다는 점도 한몫했다.

> 고객은 자신이 느끼는 본질적인 문제를 말로 표현하지 못할 때도 많습니다. 그래서 단순히 질문만 해서는 부족하죠. 현장이 어떻게 돌아가는지 이해하지 못하면, 본질적인 부분은 절대 보이지 않습니다.

대상에 맞춰 NPS를 조정하며 적합한 방법을 모색

코드몬은 고객 피드백을 분석할 때 담당자들이 서로 의견을 나눌 뿐만 아니라, NPS순 추천 고객 지수를 이용한 정량적 측정 방법도 활용한다. 고이케 대표의 말에 따르면 원래는 1년에 1번 정도 모든 사용자를 대상으로 NPS 조사를 시행했지만, 최근에는 고객의 상황에 맞춰 측정 시기를 조정하고 있다. 각 사용자의 시스템 도입 단계에 따라 NPS 측정 방법도 달라야 한다는 가설을 바탕으로, 온보딩On-Boarding, 직원들이 새로운 프로그램에 적응하도록 돕는 과정 완료 단계에 가까워졌을 때 추가로 NPS를 측정하는 식이다. 코드몬은 앞으로도 NPS를 포함해 사용자의 피드백이나 이용 현황과 같은 데이터를 활용할 방법을 모색해나갈 계획이다.

> '코드몬'은 돌봄 및 교육 시설에 특화된 몇 가지 기능으로 구성된 복합적 소프트웨어 제품Software Suite입니다. 소통 관련 기능도 있고, 청구 관련 기능도 있습니다. 각 기능에 따라서 활용 방법이나 활용 정도가 다르기 때문에, NPS보다는 먼저 충성도를 파악하는 지표가 필요할지도 모르겠습니다. 그래서 요즘은 (서비스를 발전시켜 나가는 데 있어) 어떤 수치나 지표를 활용해야 하는지를 논하고 있습니다.

처음에는 확신 하나로 시작해도 OK!

고이케 대표는 지금까지의 경험을 돌이켜 봤을 때, PMF 달성을 위한 핵심이 무엇이라고 생각하느냐는 질문에 이렇게 답했다.

> 저는 '확신'이 중요하다고 생각합니다. 처음부터 대량의 정보에 휘둘려서 고객에게 맞추려고만 하면, 오히려 뭐부터 해야 할지 몰라서 움직이지 못할 수도 있습니다. 초기 단계에는 어느 정도 정보의 범위를 좁히고, 과감하게 행동하는 용기도 중요하죠.

'코드몬'도 개발 초기부터 많은 사업자의 의견을 듣지는 않았다. 일단은 고이케 대표의 생각을 중심으로 사업을 추진했다. 하지만 그것만으로는 시장의 니즈를 맞출 수 없을 때도 분명히 있다.

사업의 초기 원동력으로 어느 정도 고객층을 확보한 단계에 이르면, 사용자와 진지한 대화를 나누어서 서비스의 본질을 정리하거나, 사용자에게 맞춰 현재 사용 중인 용어들을 변경하는 일이 중요합니다. 처음에는 자기가 만들고 싶은 방향으로 서비스를 개발해서 시작해도 되지만, 어느 시기부터는 사용자에게 익숙한 용어로 바꾸고, 사용자가 바라는 모습으로 제품과 사업의 방향을 바꿔나가야 PMF를 달성할 수 있지 않을까요?

고이케 대표는 앞으로는 플랫폼 제공 업체가 되어 '타사의 서비스와 연계하면서 '코드몬'의 기능을 확충해나갈 계획'이라고 밝혔다.

코드몬의 PMF 달성 과정을 정리하면 다음과 같다.

코드몬의 PMF 달성 과정

✓ 고객의 의뢰를 받아 시스템을 개발했다.

✓ 사용자들의 호평과 자신의 강한 확신을 바탕으로 제품화를 추진했다.

✓ 직접 현장에 나가 관찰하고 사용자 의견에 귀를 기울이면서, 제품과 시장의 니즈를 맞춰갔다. 또한 가치를 확실하게 전할 수 있도록 사용 용어를 바꿨다.

✓ SEO 같은 기본적인 인터넷 마케팅은 빨리 시작했다.

✓ 시장 환경의 변화(보조금 제도 시행)에 대응해 단숨에 성장했다.

(https://sairu.co.jp/method/5665)

시장 변화에 대응해서 2차 PMF를 달성한 '타이미'

네 번째로 소개할 사례는 단발성 아르바이트 중개 앱 '타이미Timee'를 운영하는 타이미Timee의 성공 스토리다. 기존에는 아르바이트 자리를 구하려면 당연히 지원과 면접 과정을 거쳐야 했다. 하지만 '타이미'를 이용하면 지원과 면접 과정 없이 일하고 싶은 곳을 선택해 바로 일할 수 있다.

　타이미는 서비스 개발 전부터 사용자의 '핵심 가치'를 철저하게 파악한 덕분에, 출시 3개월 만에 PMF를 달성했다. 하지만 코로나19 확산으로 주요 활동 영역이었던 요식업계가 큰 타격을 입으면서 한때 흔들리기도 했다. 하지만 위기 상황에서도 포기하지 않고 끊임없이 도전한 타이미는 결국 2차 PMF까지 달성했다. 오가와 료 대표이사가 말하는 타이미의 PMF 달성 스토리를 들어보자.

'타이미'에 나타난 PMF 달성 신호

타이미는 오가와 대표를 포함한 4명의 멤버가 모여서 2017년 8월에 창업한 회사다. 타이미가 제공하는 주요 서비스인 '타이미'는 '당장 일하고 싶은 사람과 당장 사람이 필요한 사업자를 연결하는 단발성 아르바이트 중개 서비스'라는 콘셉트를 내걸고 2018년 8월부터 서비스를 시작했다.

　'타이미'의 가장 큰 특징은 아르바이트 자리를 구하려면 당연히 거쳐야 했던 '지원과 면접' 절차를 없앴다는 점이다. 일을 구하는 사람이 앱에서 일하고 싶은 곳을 고르기만 하면 즉시 일을 시작할 수 있고, 일을 마치면 보수도 바로 받을 수 있다.

또한 기업 측에서는 인력이 필요한 시간과 요구되는 기술을 등록하기만 하면, 앱이 조건에 맞는 사람을 자동으로 연결해준다.

저출산·고령화로 인력 부족을 호소하는 업계가 많은 요즘, 타이미는 잠들어 있는 '잠재 노동력'을 발굴하기 위한 도전을 계속하고 있다.

오가와 대표는 타이미가 제공하는 서비스에 관해 '채용 과정 간소화를 통해 지금까지 충분히 활용하지 못했던 잠재 노동력을 발굴해서 활용할 수 있는 노동력으로 바꾸는 서비스'라고 설명했다.

개인과 기업 양측의 니즈에 모두 부합한 '타이미'는 출시 3년 만에 200만 명을 넘는 이용자를 확보했으며, 4만 4,000곳 이상의 사업자가 이용하는 서비스로 성장했다(2022년 9월 기준으로 이용자는 300만 명을 돌파했고 8만 개 사업장에서 이용 중이다).

그렇다면 타이미는 언제 PMF를 달성했을까? 오가와 대표는 30%의 수수료를 내고서라도 '타이미'를 전체 매장에 도입하고 싶다는 기업이 나타났을 때, PMF 달성을 실감했다고 한다. 이때가 출시하고 막 3개월이 지났을 때였다.

> 예전에는 기업이 얼굴 한 번 안 보고 사람을 채용하는 일은 있을 수 없었죠. 과연 기업들이 30%라는 수수료를 내고서라도 '타이미'를 이용하고 싶어 할 것인가. 이것을 검증해냈을 때가 저희에게는 PMF 달성 시기였습니다.

제품 개발 후에 PMF를 찾으려 하면 늦는다

저희는 본격적으로 앱 개발을 시작하기 전에도 서비스를 검증할 수 있다고 생각했습니다. PMF를 달성하기까지 거쳐야 하는 과정이 한두 개가 아니다 보니, 앱을 완성하고 나서 PMF를 찾기 시작하면 시기를 놓칠 수 있다고 생각했어요.

오가와 대표는 PMF에 관한 자신의 생각을 이렇게 밝혔다. 그렇다면 본격적으로 서비스를 개발하기 전에 타이미는 어떤 일을 했을까? 그들은 우선 목표 고객층을 정하고, 해당 고객층에 제공할 핵심 가치를 명확하게 정의하는 일부터 시작했다. 다시 말해 '사용자의 마음을 흔들 수 있는 가장 큰 매력이 무엇인지'를 고민했다.

타이미는 원래 오가와 대표의 경험을 바탕으로 만들어진 회사다. 과거에 다양한 일용직 아르바이트를 했던 오가와 대표는 그때마다 매번 지원하고 면접을 보는 일이 불편하다고 느꼈다. 면접을 보고 나서 회사에서 합격했다는 연락이 없으면 일을 시작할 수 없었다.

특히 일용직은 당장 내일이라도 일하고 싶어서 구하는 건데, 연락이 바로 오지 않았습니다. 근본적으로 일하기 쉬운 환경이 아니었던 거죠. 서비스 이용자의 관점에서 보면 요구하는 기술 같은 조건만 맞으면 일하고 싶을 때 일을 시작하고, 바로 일당을 받아야 하는데 말이죠. 그래서 법적인 문제나 실현 가능성은 제쳐두고, 일단은 이상적인 형태부터 생각하기 시작했습니다.

당시 대학생이던 오가와 대표는 주변에 다른 학생들도 틀림없이 자신과 같은 니즈를 가졌을 거라고 생각했다. 그래서 PMF 달성을 위한 초기 단계에는 구인 공고를 낼 기업의 의견에 초점을 맞췄다.

'(면접도 보지 않고) 당일에 갑자기 매장에 출근한 사람이 제대로 일을 할 수 있을까?' '수수료 30%는 너무 비싸다.' 이렇게 기업에서 꺼릴 만한 포인트가 무엇인지는 예상할 수 있었습니다. 그래서 먼저 그 부분을 해결할 수 있을지부터 검증했죠. 서비스의 특성상 기업이 구인 공고를 내지 않으면 아예 시작도 할 수 없지만, 반대로 구인 공고가 많아지면 많아질수록 일하고 싶은 사람과의 매칭은 더 활발히 이루어집니다.

열정으로 고른 최초 타깃은 요식업계

하지만 처음에는 제품이 완성되지 않은 상태였기 때문에, '개념과 콘셉트'만으로 기업의 공감을 끌어내 서비스를 도입하게 해야 했다. 자원이 넉넉하지 않았기에 진출할 업계를 선정하는 일이 중요했다.

이렇게 이야기하면 상당히 논리적인 과정을 거쳐서 뛰어들 영역을 선정했을 것 같지만, 사실 타이미가 처음 진출할 시장으로 '요식업계'를 선택한 이유는 감정적인 면이 컸다.

영업부장이었던 친구가 요식업계에 특별히 관심이 많아서, 영업 전략을 세울 때부터 요식업계에 공헌하고 싶다는 열망이 대단했어요. 저 역시 식당에서 아르바이트를 해본 경험이 있어서 잘 아는 업계이기도 했고요. 아직 제품이 완성되지 않은 상태에서는, 핵심 멤버가 열정을 가지고 자신 있게 밀고 나갈 수 있는 업계여야 한다고 생각했습니다.

처음부터 서비스의 핵심 가치를 '면접을 보지 않고 바로 일할 수 있다'로 정했기 때문에, 앱 개발도 해당 가치를 실현할 수 있는 방향으로 진행했다. 우버Uber처럼 앱에 올라온 공고를 누르기만 하면 바로 일할 수 있고, 일을 마치면 바로 보수가 입금되는 형태를 추구했다.

물론 기업이 필요로 하는 요소도 검토했다. 일단은 기업이 구인 공고를 올려야 시스템이 돌아가는 만큼, 조금이라도 편하게 공고를 올릴 수 있도록 화면을 설계하기 위해 시행착오를 거듭했다.

또한 일할 수 있다고 해서 누구나 무조건 환영할 수는 없으니, 구인 조건도 올릴 수 있어야 했다. 이때부터는 실제 기업에 사용을 부탁하면서 수시로 업데이트해나갔다.

예를 들어 시험 삼아 구인 공고를 올려본 기업에서 '모집할 때 지참 가능한 소지품을 기재할 수 있으면 좋겠다'라는 의견이 나오면, 바로 앱에 항목을 추가했다.

기업의 협조를 받기 위해 창업 멤버가 직접 현장에 가서 일을 하며 신뢰 관계를 쌓기도 했다. 구직자가 갑자기 근무를 취소해서 인력이 부족하다는 연락이 오면, 창업 멤버가 직접 달려가서 결원을 대신해 일한 적도 있었다.

초기 성공 경험 제공이 PMF 달성으로 이어진다

고객과 기업 양측의 문제에 귀 기울여가며 앱을 완성해서 출시하자, 3개월 만에 수십 개의 매장을 운영하는 한 기업이 자사의 전체 매장에서 '타이미'를 이용하겠다는 결정을 내렸다. 오가와 대표는 이때 PMF 달성을 실감했다고 한다.

고지식한 방법일지라도 꾸준히 노력해온 결과였지만, 오가와 대표는 '어느 날 눈을 떠보니 PMF에 도달한 기분'이었다고 말한다.

하지만 돌이켜 생각해보면 분명 몇 가지 포인트가 있었다. 우선 초기에 고객이나 사용자에게 제공한 성공 경험은 PMF 달성과 직결되는 요소다. 타이미도 이 점을 확실히 인식하고 있었기에, 처음부터 고객에게 성공 경험을 제공하려고 노력했다고 한다.

> 사용자가 어떤 어려움을 겪고 있는지, 우리가 어떤 솔루션을 제공할 수 있는지, 해당 솔루션이 고객 만족도를 높일 수 있는지, 처음에는 이 3가지만 생각하면 됩니다. 타이미도 이 부분에 집중했습니다.

개발진이나 지원 업무 담당자가 사용자가 될 매장의 점장에게 바싹 다가서려고도 했다. 업무 내용이 복잡해서 '타이미'를 활용하기 어려운 매장이 있으면 타이미가 일부 업무를 맡아주기까지 하면서, 서비스를 적극적으로 활용할 수 있는 상태로 현장을 개선해나갔다.

또한 초기에 타이미를 통해서 지원한 근무자의 평가가 좋았던 점도 서비스의 신뢰도를 올리고 재이용을 유도했다. 오가와 대표는 앱을 출시한 직후에, 자신이 운영하던 학생 커뮤니티 멤버 수백 명에게 '타이미'에 가입해달라고 홍보했다. 당시에는 의도하고 한 일이 아니었지만, 이런 노력이 지원자의 역량을 보장했고, 초기 사용자에게 성공 경험을 제공하는 데 큰 도움이 되었다.

> '타이미'가 지금처럼 인력 부족이 문제가 되는 시대에 개발되었다는 점도 PMF 달성에 큰 영향을 미쳤다고 생각합니다. 만약 전단지만 붙여도 사람을 구할 수 있는 시대였다면, 굳이 앱까지 설치할 필요가 없었을 테니까요.

타이미는 인력 부족 문제로 고민하는 기업에 '잠재 노동력을 발굴한다'라는 관점으로 새로운 해결책을 제시하며 성장을 이어갔다. 하지만 신종 코로나19가 확산되면서 상황이 급변하기 시작했다.

코로나19 확산으로 2차 PMF 달성

타이미는 코로나19가 확산되기 전부터 물류 업계와 소매업으로 영역을 넓히고 있었지만, 여전히 중심은 매출의 약 70%를 차지하는 요식업이었다. 하지만 코로나19 확산 탓에 도심부를 시작으로 기존의 영업 방식으로는 버티지 못하는 식당이 늘어났고, 타이미도 그 여파로 한때는 매출이 크게 떨어졌다.

하지만 타이미는 여기서 주저앉지 않았다. 원래는 하나였던 영업부를 '요식', '소매', '물류'로 나누고, 각 부문의 고객들이 직면한 문제에 맞춰 대응을 조정해나갔다.

가장 큰 타격을 입은 요식업계에도 자세히 보니 '배달' 같이 필요한 인력이 늘어난 분야가 있었다. 식당이 배달에 주력하면, 자연스럽게 오토바이 면허를 가진 사람을 원하기 마련이다. 타이미는 새로운 니즈에 맞춰 중점 분야를 바꿨고, 떨어졌던 매출을 다시 올릴 수 있었다.

반대로 물류는 코로나19 확산으로 인력 수요 자체가 급격히 늘어났다. 인터넷 쇼핑 이용이 늘면서 물류 창고는 바빠졌지만, 일손은 늘 부족했다.

> 힘들고 더럽고 위험한 3D_{Difficult, Dirty, Dangerous} 업종이라는 이미지가 강해서, 사람을 구하기가 쉽지 않았습니다. 하지만 실제로 현장에 가보니, 카페테리아가 설치된 곳도 있고 공조 설비도 잘 갖춰져 있어서, 근무 환경이 많이 좋아졌다는 사실을 알게 됐죠. 이런 상태라면 저희가 나설 수 있겠다고 생각했습니다. 갑자기 장기 근무를 하기는 어렵더라도, 하루라면 해보자고 생각하는 사람이 있

기 마련이죠. 한 번 일한 사람이 다시 일하게 되고, 그러다 정식 고용으로 이어지게 해보자는 쪽으로 의견이 모였고, 그 결과 사업이 크게 성장해서 코로나19 사태 중에서도 최고 매출을 달성했습니다.

타이미는 업계별 니즈에 맞춰 '타이미'를 활용할 수 있게 해서, 각각의 업계가 성공을 경험하도록 했다. 오가와 대표는 당시 상황을 회상하며 '다시 한번 PMF를 달성한 기분'이었다고 언급했다.

어렵게 생각하지 말고 현실을 직시하라

오가와 대표에게 '타이미'를 운영한 경험을 통해 알게 된 PMF 달성을 위해 가져야 할 마음가짐을 묻자, 이런 답이 돌아왔다.

> PMF 달성을 너무 어렵게 생각하지 않았으면 좋겠습니다. 말이 퍼져나가면서 개념이 광범위해지다 보니 생각이 복잡해질 수밖에 없겠지만, 하나하나 나누어 보면 그렇게 복잡하지 않습니다. 고객에게 성공 경험을 제공할 수 있는지, 그 결과 사용자가 서비스를 계속 이용하고 있는지, 포인트는 이 두 가지를 확실하게 달성하는 데 있습니다.

오가와 대표는 타이미가 초창기부터 중요하게 생각해온 개념으로 '고객 성공'을 꼽았다. '고객 성공' 자체는 이미 서비스형 소프트웨어 SaaS 기업을 시작으로 반드시 염두에 두어야 할 필수 개념으로 자리 잡았지만, 오가와 대표는 진정한 고객 성공이란 '자사의 서비스에 만족한 고객이 다른 기업에도 그 서비스를 추천하는 단계'에 이른 상태라고 다시 정의했다.

> 고객 성공을 위한 업무는 단순히 고객에게 제품 사용법을 설명하는 데 그치지 않습니다. 그 과정을 통해 고객이 직접 제품을 활용할 수 있도록 만들고, (성공을 경험한 고객이) 타사에도 제품을 추천하게 만들어야 진정한 고객 성공이라고 할 수 있습니다. 그런 의미에서 PMF 달성은 고객 성공 여부와 가깝다고 생각합니다.

'타이미'는 지속적인 이용을 전제로 하는 월정액제가 아니라, 회당 거래 수수료를 받는 서비스다. 기업과 개인이 연결되어야만 비로소 가치가 발생하기 때문에, 열심히 노력해서 기업이 서비스를 도입하더라도 만족하지 못해서 재이용하지 않으면 그대로 관계가 끊어진다.

오가와 대표의 말에 따르면 '타이미'는 애당초 구조적으로 고객 성공 달성 난이도가 높은 서비스였기에, 본능적으로 그 부분을 더 중요하게 생각할 수밖에 없었다고 한다. 그래서 직원이 약 140명으로 늘어난 지금도 사내에서 가장 인원이 많은 부서가 고객 성공 팀이고, 앞으로도 계속 투자할 계획이라고 한다.

> 고객이 다른 사람에게 추천하고 싶은 서비스로 만들고 있는지, 우선은 현재 상태를 제대로 직시해야 합니다. 그러려면 고객이 어떤 문제를 안고 있고, 무엇을 원하는지를 파악해야 하죠. 단순해 보이지만, 그 부분에 힘을 쏟으면 좋은 서비스를 만들 수 있고 PMF도 달성할 수 있습니다.

타이미의 PMF 달성 과정을 정리하면 다음과 같다.

> **타이미의 PMF 달성 과정**
>
> ✓ '아이디어와 콘셉트' 단계부터 상품성을 검증했다.
> ✓ 관심이 많은 업계에 초점을 맞췄다.
> ✓ 창업 멤버가 직접 나서서 초기 성공 경험을 제공했다.
> ✓ 시장의 변화에 대응해서 업계별로 해결 과제를 도출하여 2차 PMF를 달성했다.

(https://sairu.co.jp/method/5670)

파워포인트 1장으로 팔 수 있는 강렬한 콘셉트를 찾은 '도키움'

다섯 번째로 소개할 기업은 디지털 경비 정산 시스템 '도키움TOKIUM 경비 정산'을 비롯해, 클라우드 기반 청구서 수령 서비스 '도키움 인보이스', 클라우드 기반 문서 관리 서비스 '도키움 전자 장부 보존' 등과 같은 다양한 사업을 운영하는 도키움TOKIUM이다.

원래 도키움의 주력 사업은 일반 사용자를 위한 가계부 앱이었지만, 2015년에 새로운 사업 분야로 법인용 경비 정산 시스템을 출시했다. 그 후로 3년간 시행착오를 거듭한 끝에, '영수증을 스마트폰으로 찍고, 전용 수거함에 넣으면 경비 정산 끝!'이라는 콘셉트를 완성해 사업의 전환점을 맞이했다. 구로사키 겐이치 대표이사가 말하는 도키움의 성공 스토리를 들어보자.

시스템에 인력을 더해 고객의 문제 해결에 도전

도키움이 제공하는 '도키움 경비 정산' 시스템을 이용하면, 영수증을 스마트폰 카메라로 찍은 뒤 그 영수증을 전용 수거함에 넣기만 하면 경비 정산을 완료할 수 있다. 다시 말해 스마트폰만 있으면 간편하게 경비 신청부터 승인까지 끝낼 수 있다. 또한 기존 서비스들은 주로 OCR Optical Character Reader/Recognition, 사진의 문자 부분을 인식해서 문자 데이터로 변환하는 '광학식 문자 판독 장치'을 활용하지만, 도키움의 서비스는 전담 오퍼레이터가 직접 입력하기 때문에 데이터의 정확도가 높다.

수거함에 모인 영수증은 도키움이 회수해서, 경비 신청 데이터와 대조 확인한 후에 전용 창고에 보관한다. 물론 필요할 때는 1장 단위로 영수증 원본을 꺼낼 수도 있다. 따라서 '도키움 경비 정산'을 이용하면 더 이상 사무실에 종이 영수증을 보관할 필요가 없다.

경비 정산 시스템은 도키움의 서비스 외에도 다수 존재하지만, '도키움 경비 정산'은 인터넷이나 앱을 이용한 온라인 서비스만이 아니라 '수거함'이라는 실물을 이용한 오프라인 서비스까지 함께 제공해서, 다른 서비스로는 해결하지 못하는 업무 부담까지 줄여준다. 구로사키 대표는 '도키움 경비 정산' 시스템을 이렇게 설명했다.

> 경쟁사가 자율주행차를 개발하는 테슬라 Tesla와 같다면, 도키움은 승차 공유 서비스를 제공하는 우버와 같습니다. 다시 말해 시스템만 운영하는 것이 아니라, 시스템과 사람의 힘을 조합해서 고객의 문제를 해결하는 접근 방식이죠.

PMF는 콘셉트만 보고 구매했어도 해지하지 않는 상태

도키움도 처음부터 온라인과 오프라인 서비스를 동시에 제공했던 것은 아니다. 2015년에 처음 경비 정산 시스템을 출시했을 때는 다른 회사들과 마찬가지로 프로그램만 제공했다. 그 후 3년에 걸쳐 서비스의 방향성을 수정한 결과 현재의 콘셉트가 완성됐고, 해당 콘셉트가 PMF 달성의 결정적 요인으로 작용했다.

어떤 상태가 PMF인지에 대해서는 다양한 의견이 있지만, 저는 고객이 '제품 콘셉트만 보고도 구매하는 상태'라고 생각합니다. 그리고 핵심은 구매한 뒤에 '해지하지 않아야' 한다는 겁니다. 콘셉트를 정리한 종이 1장을 고객에게 보여주고 팔 수 있는지 없는지가 중요합니다. 실제로 '도키움 경비 정산'은 시스템상의 실제 관리 화면을 보여주지 않고도, 자료를 바탕으로 한 구두 설명만으로 계약을 따낸 적이 많습니다. 그런 상황에서도 타사와의 차별성을 설명할 수 있고, 고객이 자사 서비스의 특징을 인식할 수 있도록 해야 합니다.

가계부 앱에서 경비 정산 서비스로 변신

원래 가계부 앱이 주력 사업이었던 도키움은 2015년에 경비 정산 시스템으로 사업 방향을 틀었다. 가계부 앱의 수익성이 좋지 않아서, 계속 투자할지 아니면 다른 사업을 모색할지 고민하던 중, 예전에 검토했던 경비 정산 시스템 사업에 뛰어들기로 결심했다. 당시 경비 정산 시스템을 선택한 데는 몇 가지 이유가 있었다.

가장 중요한 이유는 시장의 환경 변화였다. 2016년 일본에서 '전자 장부 보존법'이 개정되면서, 종이 문서를 스캔해서 화상 데이터로 보관해야 했던 제도가 완화되었다. 이로 인해 새로운 니즈와 비즈니스 기회가 기대되던 상황이었다. 과거 미국에서도 기술력을 이용해 경비 정산 문제를 해결한 사업이 크게 성장했던 만큼, 일본에서도 큰 시장이 형성될 가능성이 충분했다. 또한 지금까지 가계부 앱을 통해 발전시켜온 도키움의 영수증 입력 엔진도 활용할 수 있을 듯했다.

당시 일본에도 이미 다양한 경비 정산 서비스가 있었지만, 구로사키 대표는 충분히 겨뤄볼 만하다고 판단했다.

> 저 역시 회사에서 사용자로서 기존 경비 정산 시스템을 써본 적이 있습니다. 당시 편리성이나 사용 편의성을 개선할 필요가 있다고 느꼈죠. 도키움의 가계부 앱에서 제공하는 UI와 UX를 법인용 경비 정산 시스템에 적용하면 제품 면에서는 승산이 있다고 생각했습니다.

목표 고객층 선정에 고전

도키움은 이렇게 생각하며 경비 정산 사업에 뛰어들었다. 하지만 사업은 시작부터 순조롭지 않았다. 어떤 사람들이 경비 정산 업무에 심각한 문제를 느끼는지 제대로 파악하지 못한 상태로 목표 고객층을 정하는 실수를 저지른 것이다. 2015년 12월에 개인 사업자를 주요 고객층으로 잡고 'Dr. 경비 정산'이라는 이름의 모바일 앱을 출시했지만, 목표 고객층을 잘못 선정한 탓에 결국 실패하고 말았다.

> 사용자는 어느 정도 있었지만, 전혀 매출이 나지 않았습니다. 개인 사업자들에게는 비싼 이용료를 내면서까지 해결하고 싶은 문제가 없었던 거죠. 시장 상황과 고객 니즈를 정확히 이해하기까지 1년 정도 걸렸습니다.

그 후로는 특정 고객층에 한정하지 않고, 문의하는 고객에게 맞춰 일일이 대응하며 시장에 대한 이해도를 높여갔다. 구로사키 대표는 "솔직히 접근 방식이 효율적이지는 않았지만, 직접 부딪치면서 깨달은 점이 많았습니다"라며 겸손하게 말하지만, 당시에 하나하나 쌓았던 노력이 결국 도키움을 PMF 달성으로 이끌었다.

고객의 반응과 타 업종에서 찾아낸 획기적인 콘셉트

경비 정산 시스템 자체는 새로운 서비스가 아니다. 따라서 도키움의 서비스가 고객의 선택을 받으려면 '기존 서비스와의 차별성'이나 '자사 서비스만의 특징'을 내세워야 했다.

내부적으로는 자사의 서비스가 충분히 차별성을 갖췄다고 판단했지만, 막상 고객은 다른 서비스와의 차이를 인식하지 못했고, 인식했다고 하더라도 그 차이에서 가치를 느끼지 못했다. 결국 서비스를 도입하는 기업이 생각만큼 늘어나지 않았다.

그런 상태가 계속되자 어떻게든 전략을 바꿔야 했다. 이때 도키움의 창업 멤버들은 기업 담당자들이 큰 부담으로 느꼈던 전자 장부 보존법에 따른 신청 작업에 주목했다.

> (법을 준수하려면) 서류를 작성해서 세무서에 제출해야 하고, 사내에서도 처리 프로세스를 명확하게 규정해야 했습니다. 이 업무를 일반 경리 담당자가 일일이 하기에는 부담이 너무 컸죠. 그래서 해당 업무를 대신해주는 시스템이 있으면 가치를 느끼지 않을까 생각했습니다.

문제 해결의 실마리는 타 업종에서도 발견할 수 있었다. 구인 데이터

베이스를 바탕으로 한 구인 플랫폼 서비스를 리크루팅 회사에 제공하는 한 스타트업이, 개업 신청서 접수를 대행해주는 '오프라인 업무 지원' 서비스까지 제공한다는 소문을 들었던 것이다.

단순히 온라인 서비스만 제공하는 것이 아니라 고객이 번거롭다고 느끼는 오프라인 업무를 대행해서 부가가치를 창출했다는 소문을 듣고, 자사에도 같은 방식을 적용할 수 있겠다는 생각이 들었습니다. (오프라인 업무 대행은) 언뜻 품이 많이 들고 비효율적으로 보이지만, 그만큼 고객에게는 큰 고민거리겠다는 생각이 들었죠.

가치가 명확하면 비싸도 날개 돋친 듯 팔린다

시험 삼아 신청 작업을 대행하다보니, 구로사키 대표는 애초에 신청 작업 자체가 귀찮고 고객들이 아무도 하고 싶어 하지 않는다는 사실을 깨달았다. 이때부터 그는 법을 준수하면서 작업 부담은 줄일 수 있는 방법을 찾기 시작했고, 고민을 거듭한 끝에 '영수증을 스마트폰으로 찍고, 전용 수거함에 넣으면 경비 정산 끝!'이라는 콘셉트를 탄생시켰다.

이 아이디어를 실현하기 위해, '영수증 1장이 마지막으로 창고에 보관될 때까지 어떤 과정을 거치는지', '반대로 실물 영수증이 필요할 때는 어떻게 꺼낼 수 있는지' 같은 과정을 정리해서 기준을 세웠다. 그렇게 2달 후 새로운 콘셉트를 바탕으로 진화시킨 경비 정산 서비스의 원형이 만들어졌다.

효과는 바로 나타났다. 당시에는 지금처럼 깔끔한 인터넷 홈페이지도 없었기 때문에, 칼로 구멍을 낸 종이 상자를 들고 고객을 찾아가서 "스마트폰으로 영수증을 찍은 다음 이 수거함에 넣기만 하면 경비 정산을 끝낼 수 있는 방법이 있다면 어떨까요?"라고 직접 묻고 다녔다. 고객의 반응은 두말할 필요도 없이 긍정적이었다.

전에는 서비스의 기능을 자세하게 설명하거나 기존 제품과의 차이를 하나하나 집어주어야 했지만, 서비스를 개선하고 난 후에는 콘셉트만 설명해도 제품의 특징을 단번에 이해했다.

> 고객이 경쟁 서비스와의 차이를 확실하게 인식할 뿐만 아니라, 다른 서비스보다 비싸도 이용하겠다는 고객도 나타났습니다. 가격 경쟁을 할 필요가 없어졌고, 고부가가치를 창출하게 되니, 자연히 수주율도 오르더군요.

구체적인 비용 대비 효과를 산출할 수도 있겠지만, 요즘은 세세한 정량적 수치를 요구하는 곳이 많지 않다. 오히려 '직원들이 어떤 근무 방식을 원하는지'나 '어떤 사내 문화를 형성하고 싶은지' 같은 관점에서, 도키움이 내건 '사무실에서 영수증을 없애자(페이퍼리스 paperless)'라는 세계관에 공감하여 서비스를 도입하는 기업이 더 많다고 한다. 물론 그들은 다른 서비스보다 이용 요금이 비싸도 개의치 않는다.

PMF를 달성하고 싶다면 일단 고객부터 만나라

구로사키 대표에게 PMF 달성을 이끈 포인트가 무엇이었는지 물었더니, 그는 자신의 경험을 바탕으로 이렇게 답했다.

무조건 고객을 많이 만나서, 그들이 가진 문제와 현장 프로세스에 대한 불만을 들어야 합니다. 모든 업무 진행 과정을 실제로 지켜보면서, 사용하는 서류, 사내에서 쓰는 메일 양식, 전화 내용까지 가능한 범위 안에서 하나씩 전부 파악해야 합니다. 그런 노력은 절대 배신하지 않습니다.

구로사키 대표는 '도키움 경비 정산' 같은 업무용 애플리케이션의 경우, 업계 상황을 깊이 이해하고 고객의 진짜 문제를 파악하는 일에 시간이 걸린다고 강조했다. 그래서 제품을 개발하기 전에 그 부분에 시간을 투자하면 비용 대비 효과가 높다고 조언했다.

또한 모든 사업이 단기간에 고효율로 PMF를 달성할 수 있는 것은 아니기 때문에, 끈기를 가지고 계속 노력하는 자세도 필요하다. 구로사키 대표도 '도키움 경비 정산'을 개발하기 전에는 조직이 해체되는 상황까지 겪은 적이 있다고 한다. 그는 실패도 꿋꿋이 이겨내며 경비 정산 시스템을 출시했고, 직접 고객을 찾아다니며 의견을 듣고 제품을 개선해나갔다.

기본적으로는 'PMF는 달성하지 않아도 된다'라는 마음가짐으로 시작하는 편이 좋을 수도 있습니다. '언제까지 PMF 달성하겠다'는 식으로 목표를 정하는 것도 좋지만, 계획대로 되지 않을 때도 있으니까요. 자신이 옳다고 생각하는 일을 묵묵히 해나가다 보면 100번째 행동이 PMF 달성의 계기가 될지도 모릅니다. 포기하지 않고 노력하겠다는 각오가 필요하다고 생각합니다.

도키움의 PMF 달성 과정을 정리하면 다음과 같다.

> **도키움의 PMF 달성 과정**
> - ✓ 콘셉트만 보고 구매했더라도 해지하지 않는 상태를 목표로 삼았다.
> - ✓ 고객의 불편함을 파악하고 폭넓은 의견에 귀를 기울였다.
> - ✓ 고객의 의견과 타 업종의 사례에서 가치를 만들어낼 포인트를 찾았다.
> - ✓ 해당 가치를 서비스에 구현해 타사와의 차별화에 성공했다.

(https://sairu.co.jp/method/5677)

※ 위 링크에는 사명이 베어테일BEARTAIL로 나와 있으나, 2022년 3월 31일부로 도키움TOKIUM으로 변경되었다. 또한 전자 경비 정산 시스템 '리시트 포스트RECEIPT POST'도 '도키움 경비 정산'으로 명칭이 변경되었다.

목표 고객층을 특정하고 요금 체계를 변경한 '코뮨'

여섯 번째로 소개할 기업은 2021년에 총 19억 3,000억 엔의 투자 유치를 발표했던 코뮨commmune이다. 코뮨이 제공하는 기업용 커뮤니티 플랫폼 '코뮨commmune'은 PMF의 전 단계인 PSF Problem Solution Fit, 문제-솔루션 적합성 검증은 빨리 마쳤지만, 그 후로도 1년 동안 고전을 면치 못했다. 하지만 목표 고객층을 특정하고 요금을 3배나 인상하는 과감한 전략을 펼쳐서, 성공의 기회를 잡을 수 있었다. 다카다 유야 대표이사 CEO가 말하는 코뮨의 PMF 달성 과정을 들어보자.

작은 PMF 달성을 거듭하며 활동 영역을 확장

코뮨은 2018년 9월 '커뮤니티 석세스 플랫폼'을 표방하는 '코뮨'을 출시했다. '코뮨'의 핵심은 기업과 고객이 인터넷상에서 소통할 수 있는 온라인 커뮤니티다.

지금까지 기업과 고객의 소통은 대부분 일방적이었고, 그 방법 또한 고객에 따라 각각 다를 수밖에 없었다. 하지만 '코뮨'은 커뮤니티를 이용해서 일방통행이던 소통을 양방향으로 바꾸고, 여기저기 흩어져 있던 고객 접점을 한곳에 모아 고객 성공 실현을 지원한다.

기업마다 커뮤니티를 활용하는 목적은 각각 다르지만, 현재 '코뮨'이 내세우고 있는 콘셉트는 '고객 성공 실현을 위한 커뮤니티'다. 쉽게 말해 커뮤니티가 최소한의 노동력으로 고객의 LTV(고객 생애 가치)를 최대한 높여주는 유용한 수단이라는 점을 강조하고 있다.

코뮨이 공략하는 고객은 (1) LTV 향상을 사업의 중요한 요소로 인식하고, (2) 고객과 더 긴밀하게 소통하기를 원하지만, (3) 모든 일을 인력으로 충당하기는 어렵다고 생각하는 기업이다. 이 3가지 조건에 부합한 기업이 '코뮨'의 가치를 알아볼 확률이 높기 때문이다. 코뮨은 이처럼 '목표 고객층과 제공 가치'를 명확하게 정의한 덕분에 PMF를 달성할 수 있었다.

다카다 CEO는 PMF 달성에도 몇 가지 단계가 있다고 말한다. 우선 첫 단계에서는 '문제, 비즈니스 모델, 해결책을 하나로 묶은 세트가 어느 정도 규모가 있는 시장에 정확히 들어맞아' 작은 PMF를 달성해야 한다. 그 후에 다른 영역에서도 계속 작은 PMF를 달성하며 활동 영역을 조금씩 넓혀가다 보면, 큰 PMF를 달성할 수 있다는 것이다. 실제로 코뮨은 'B2B 소프트웨어'와 '라이프스타일 브랜드' 영역에서 PMF를 달성하고, 지금은 새로운 시장 진출에 도전하는 중이다.

유료 전환율을 통해 고객의 니즈를 확신

일반적으로 스타트업이 PMF를 달성하려면, 우선 그 전 단계인 PSF

검증을 완료해야 한다. PSF는 해결해야 하는 문제와 그 문제를 해결할 효과적인 방법을 찾은 상태를 의미한다. 다카다 CEO의 말에 따르면 '코뮤'은 초기부터 사업 진행이 순조로워서, PSF 검증도 비교적 빨리 마쳤다고 한다.

그렇게 2018년 9월, 코뮤은 일부 기업을 대상으로 무료 서비스를 제공하기 시작했다. 초기 고객은 지금도 '코뮤'을 이용하고 있는 '베이스푸드Base Food'를 포함한 식품 업계의 D2C Direct to Customer, 기업과 소비자 간 직거래 스타트업 10곳이었다. 그들의 목소리에 귀를 기울이며 함께 개발을 진행했다.

사실 '코뮤'은 다카다 CEO의 경험에서 탄생한 서비스다. '코뮤'을 개발하기 전에 D2C 영양제 브랜드를 운영했던 다카다 CEO와 공동 창업자인 하시모토 쇼타 CPO는, 그 당시 '당사자'로서 기업과 고객의 소통이 얼마나 힘든 일인지를 몸소 경험했다. 이 경험이 '코뮤'의 아이디어를 떠올리는 계기가 되었다.

그렇게 무료로 서비스를 제공한 지 4개월이 지난 뒤, 다카다 CEO는 다음 단계로 유료 전환을 결정했다. 그는 당시 10곳이던 고객사 중 3곳만 남으면 성공이라는 생각으로 유료화를 추진했지만, 해당 목표는 무난히 달성할 수 있었다.

> 적어도 일정 수 이상의 고객은 확실하게 문제를 인지하고 있고, '코뮤'을 해당 문제에 대한 솔루션으로 생각한다는 사실을 확인했습니다. 서비스에 대한 니즈가 있다고 확신할 수 있었죠.

이처럼 시작은 순조로웠다. 하지만 이때부터 추가 고객 확보에 나선 코뮤은 그 뒤로 PMF를 달성할 때까지 1년간 혹독한 시기를 보내야 했다.

고객이 늘어나면서 드러난 문제

코뮨의 앞길을 가로막은 벽은 무엇이었을까? 다카다 CEO는 당시를 회상하며, 서비스가 잘 팔리는 이유를 제대로 파악하지 못했다고 밝힌다. 초기 고객들은 과거 다카다 CEO가 느꼈던 문제와 비슷한 문제를 겪고 있는 곳이었기 때문에, 그들이 어떤 부분에서 어려움을 느끼는지 쉽게 추측할 수 있었고, 준비한 가치를 그대로 제공하면 됐다. 하지만 해당 시장은 규모가 크지 않아서 대상 고객 수가 한정적이었다. 사업 확장을 위해서는 반드시 다른 고객층을 공략해야 했다.

다행히도 사업 확장에 나선 후에 '서비스를 찾는 사람이 갑자기 뚝 끊기는 사태'가 벌어지진 않았다. 하지만 고객이 늘어나자 가장 중요한 부분인 '고객이 원하는 가치'와 '코뮨을 사용하는 이유'가 다양해지는 상황이 벌어졌다.

> '코뮨'이 문제에 대한 'How해결책'를 제공하는 서비스이다 보니, 고객이 늘어날수록 '커뮤니티를 활용하고 싶다는 니즈는 공통되지만, 해결하고 싶은 문제는 제각각'인 상황이 벌어졌습니다. 이용자가 늘어나면 늘어날수록, 도대체 어떤 고객의 마음을 사로잡았는지 더 모호해지기만 했죠.

대응해야 하는 문제가 제각각이면 그에 따라 고객의 성공을 지원하는 고객 성공 활동도 달라져야 하기에, 업무 난이도는 높아질 수밖에 없었다. 코뮨은 당장 급한 고객을 겨우겨우 지원하며 간신히 버티는 상황에 내몰렸다. 그런 상황이 1년이나 이어졌다.

명확한 콘셉트와 요금 인상

결국 다카다 CEO는 '코뮨'을 유료 서비스로 전환한 지 1년이 지난 2020년 2월에 2가지 결단을 내렸다. 엄밀히 말하자면 전부터 단계적으로 추진해왔던 일이기는 했지만, 결과적으로 이 시점에서 실행에 옮긴 적극적인 대응이 코뮨을 PMF 달성으로 이끌었다.

다카다 CEO는 우선 '코뮨'이 '누구의 어떤 문제를 해결해주는 서비스'인지를 명확하게 정의하고, 목표 고객층을 좁혔다.

> 전에는 굳이 제품 콘셉트를 명확하게 정의할 필요가 없다고 생각했습니다. 서비스의 가능성을 제한할 수도 있고, 솔직히 말해서 그런 결단을 내릴 정도로 자신감이 있지도 않았거든요. 넓은 의미에서 커뮤니티를 판다는 정도의 콘셉트가 고객들이 보기에도 더 이해하기 쉬울 거라고 생각했습니다.

하지만 회사 내부적으로는 한계에 다다르고 있었다. 제한된 시간 내에 고객의 성공을 지원하고, 그 과정에서 얻은 노하우를 정형화해서 효율적으로 활용하는 사이클이 제대로 돌아가지 않았다. 고객사 수는 계속 늘어났고, 그만큼 고객 성공 담당자들의 피로는 쌓여만 갔다. 제품 개발 측면에서도 일부 고객만 사용하는 세부적인 기능이 늘어나면서, 전체적으로 보면 '평균 50점인 상태'로 전락하고 말았다.

이 위기를 극복하려면 가장 큰 가치를 제공할 수 있는 고객을 찾아서, 해당 고객층에 집중해야만 했다. 이때부터 '코뮨'은 '기업의 고객 성공을 지원해 최종 사용자의 LTV를 높이는 서비스'라는 콘셉트를 전면에 내걸었다. 신규 고객 유치 전략이나 팬클럽을 위한 서비스로 '코뮨'을 사용하는 기업도 있었지만, 그쪽은 어디까지나 '코뮨'이 해결해야 하는 핵심 과제는 아니라고 정의했다.

또한 코뮨은 가장 저렴한 플랜의 요금을 7만 8,000엔에서 25만 엔으로 3배 이상 올리기로 했다. 언뜻 보기에는 고객의 범위를 좁히고 요금을 큰 폭으로 인상하면 고객이 줄어서 사업에 부정적인 영향을 미친다고 생각할 수도 있지만, 결과는 정반대였다.

공략해야 할 주 고객

가장 큰 변화가 나타난 부문은 영업이었다. 예전에는 입에서 단내가 나도록 설명해야 팔렸던 제품이 어느 순간 가만히 있어도 알아서 팔려나가기 시작했다. 예전에는 창업자로서 제품에 대해 남다른 열정을 품고 있던 다카다 CEO가 직접 영업에 나서야 했지만, 서비스의 콘셉트와 요금 체계를 바꾼 이후에는 경력이 없는 신입 직원들도 계약을 따오기 시작했다.

왜 갑자기 이런 변화가 일어났을까? 그 이유에 대해 다카다 CEO는 콘셉트와 요금 체계를 바꾼 일을 계기로 코뮨이 원래 공략했어야 할 고객들이 관심을 보이기 시작했고, 그들에게 '코뮨'만이 제공할 수 있는 가치를 더 명확하게 보여줄 수 있었기 때문이라고 설명했다.

실제로 '코뮨'에 관심을 보이는 기업의 속성이 달라졌다. PMF 달성 전에는 스타트업이 중심이었지만, PMF 달성 후에는 대기업이 주축이 되었다.

> 그제야 사용자와의 소통 문제가 더 심각했던 곳이 대기업이었다는 사실을 알았습니다. 고객 수가 많을수록 모든 고객의 상황을 파악하기 힘들고, 인력으로 대응하기에도 한계가 있었던 거죠. 또한

대기업은 무조건 이익부터 중시하는 경향이 강해서, 적자를 각오하고 대규모 인건비를 투자하기도 어렵습니다. 그래서 문제가 더 심각했고, 그만큼 니즈도 강했죠.

코뮨은 이용료를 올려서 고객 성공 담당자가 고객을 지원할 수 있는 든든한 기반을 마련하고, LTV 향상이라는 고객의 목표 달성을 뒷받침했다. 콘셉트의 명확화와 요금 인상은 떼려야 뗄 수 없는 관계다. 이 둘이 정확히 맞물렸기에 코뮨은 단숨에 성장할 수 있었다.

B2B용 SaaS 제품은 PMF 검증에 시간이 걸린다

PMF를 달성하려면, 반드시 적합한 고객층에서 제품이 팔려야 한다. 하지만 다카다 CEO는 '잘 팔린다고 해서 무조건 PMF를 달성했다고 볼 수는 없다'고 강조했다. 그는 특히 B2B용 서비스형 소프트웨어 SaaS의 경우, PMF 달성을 위해 다음의 4가지 사항을 반드시 검증해야 한다고 말했다.

1. 제품이 잘 팔리는가.
2. 제품을 구매한 고객을 특정 세그먼트로 추상화했을 때, 어느 정도의 규모가 예상되는가.
3. 고객이 제품을 제대로 활용하고, 가치를 느끼고 있는가.
4. 요금을 인상해도 계속 이용할 것인가.

첫 번째와 두 번째는 금세 검증할 수 있지만, 세 번째와 네 번째 사항은 검증에 시간이 걸립니다. 코뮨의 경험을 기준으로 보면, SaaS 제품은 판매하고 나서 해당 세그먼트가 정말 적합했는지를 확인하는 데 적어도 1년은 걸립니다. 정말 골치 아픈 일이죠. 하지만 단순히 제품이 잘 팔린다고 해서, 최종적으로 고객이 성공을 경험하고 앞으로도 좋은 관계를 유지한다는 보장은 없습니다.

그래서 코뮨은 상기 사항들을 검증하는 도구로 다음의 3가지 지표를 활용한다.

우선은 코뮨이 독자적으로 설계한 지표인 '제품 참여 점수 Product Engagement Score'를 활용하고 있다. 해당 지표를 바탕으로 커뮤니티 관리자와 최종 사용자가 하는 행동 하나하나에 꼼꼼히 점수를 매겨서, 자사의 서비스를 도입한 후에 어떻게 사용하는지를 측정한다.

또한 NPS순 추천 고객 지수 같은 '정량적 사용자 조사'를 통해 '해당 기능이 없어지면 얼마나 불편할지', '해당 기능을 사용하는 데 어느 정도의 수고가 들어가는지' 등 고객의 실태를 파악하고 있다.

동시에 '정성적 고객 인터뷰'도 시행해서 점수화한다. 6개월 정도 서비스를 이용한 고객을 대상으로, 다카다 CEO가 직접 1시간가량 결재권자나 담당자의 의견을 듣는다.

일단 팔면서 기회를 잡아라

다카다 CEO는 지금까지의 경험을 바탕으로 PMF 달성 포인트에 관해 이렇게 조언했다.

> 초기에 저희가 했던 일들을 돌아보면 정말 큰 착각에 빠져 있었다는 생각이 듭니다. PMF를 달성하기 전까지는 제품을 마구잡이로 판매하면 안 된다고 생각했어요. 왠지 모르게 그래야 한다는 생각에 사로잡혀서, 직접 고객과 부딪치기보다는 스스로 생각해야 한

다고 믿었던 시기가 있었습니다.

하지만 그런 생각을 버리고 여러 고객에게 다가가고 나서야, 코뮨은 PMF 달성의 계기를 붙잡을 수 있었다. 물론 그 과정에서 고객의 니즈를 제대로 파악하지 못해 실패를 경험하기도 했지만, 결국 자사 서비스에 호감을 보이는 세그먼트를 발견할 수 있었고, 해당 영역을 파고든 결과 PMF를 달성할 수 있었다.

특히 대기업용 SaaS는 제품이 팔리기 시작하는 시점을 PMF 달성도 10~15%로 봐야 합니다. 오히려 그 이후에 갈 길이 더 멀죠. 그러니까 일단은 무조건 팔아야 합니다. 'PMF를 달성할 때까지는 일을 크게 벌여서는 안 된다'는 생각은 할 필요 없습니다. 너무 어렵게 생각하지 않았으면 좋겠습니다.

코뮨의 PMF 달성 과정을 정리하면 다음과 같다.

코뮨의 PMF 달성 과정

✓ 당사자로서 실감했던 문제에서 제품의 아이디어를 찾았다.

✓ 유료 전환을 통해 니즈를 확인했지만, 추가 고객 확보 과정에서 제품이 '팔리는 이유'를 정확히 파악하지 못했다.

✓ 고객에게 제공할 수 있는 가치를 명확하게 정의하고 요금을 인상하자, 제품의 가치를 알아보는 고객층이 나타났다.

✓ 독자적인 지표와 정성적, 정량적 조사를 활용해 서비스를 도입한 고객의 성공 여부를 검증했다.

(https://sairu.co.jp/method/5686)

고객의 관점을 우선으로 생각한 '사이카'

일곱 번째로 온라인과 오프라인의 광고 효과를 분석하는 툴 '마젤란 바이 사이카MAGELLAN by XICA'(이하 '마젤란'으로 표기)를 제공하는 기업 사이카Xica의 사례를 살펴보자. 사이카는 고객이 겪는 문제를 바탕으로 제품을 개발했고, 덕분에 출시 첫해부터 매출이 순조롭게 상승했다. 하지만 PMF를 달성하기까지는 3년 반이라는 긴 시간이 걸렸다. 그 과정에서 어떤 시행착오들을 겪었는지, 사이카의 히라오 요시아키 대표이사 CEO의 이야기를 들어보자.

대기업이 찾는 서비스

사이카는 데이터 과학 기술을 이용해 마케팅의 PDCA를 지원하는 솔루션을 제공한다. PDCA 중 평가Check 과정에서 발생하는 문제를 해결하는 광고 효과 분석 툴 '마젤란'을 주력 제품으로 내세우고, 광고 효과를 올바르게 평가해서 예산을 적절하게 분배할 수 있는 환경을 정비해왔다.

현재는 '마젤란'에서 파생된 형태로, 마케팅 전략 수립부터 광고 기획, 제작, 배포에 이르기까지 기업의 마케팅 ROIReturn On Investment, 투자수익률 향상을 종합적으로 지원하는 데이터 과학 기반 솔루션을 제공하고 있다.

지금까지 총 200곳 이상이 사이카의 서비스를 이용했으며, 그중에는 파나소닉이나 NTT 도코모 같이 일본을 대표하는 대기업도 다수 포함되어 있다. 하지만 사이카가 처음부터 대기업을 목표로 삼았던 것은 아니다. PMF를 찾아가는 과정에서 자신들이 공략해야 할 고객의 범위를 좁혔고, 해당 고객층에 맞는 최적의 서비스를 끊임없이 추구한 결과라고 할 수 있다.

히라오 CEO의 말에 따르면, 현재 사이카는 고객 만족도와 이용 현황을 측정하기 위한 독자적인 지표를 개발했으며, 정량적으로도 PMF 달성을 실감할 수 있는 환경이 갖춰져 있다고 한다. 하지만 현재에 이르기까지는 많은 시련을 겪으며 3년 반이라는 긴 시간을 버텨야 했다.

순조로운 판매와 대조적인 리텐션율

"지금 생각하면 처음 1년은 의욕만 가지고 무작정 달렸던 것 같습니다." 히라오 CEO는 '마젤란'(당시 명칭은 '사이카 마젤란 XICA Magellan') 출시 당시를 이렇게 회상했다. 원래 사이카는 '마젤란'을 개발하기 전에, 클라우드 기반 통계 분석 툴 '사이카 아델리 xica adelie'를 개발했다. '사이카 아델리'는 사이카의 창업 멤버들이 데이터 분석 컨설팅을 하면서 느꼈던 문제를 바탕으로, 자사의 분석 업무를 효율적으로 수행하기 위해 개발한 툴이었다.

그런데 '사이카 아델리'를 '누구나 손쉽게 통계 분석을 할 수 있는 서비스'로 타사에 제공해보니, 흥미롭게도 그 사용자가 대부분 '마케팅 담당자'였다고 한다.

> 고객들의 이야기를 들어보니, '기업이 마케팅에 거액의 예산을 투입하면서도 마케팅 활동이 실제 얼마나 매출로 이어지는지는 모른다'는 부분에 문제를 느끼고 있었습니다. 이 문제를 해결하기 위해 개발한 서비스가 '마젤란'입니다.

이처럼 애당초 '마젤란'은 고객이 제기한 문제의 해결책으로 개발된 서비스였던 만큼, 구체적인 기능도 '광고 사업 성과에 관한 ROI를 파악해서 예산 분배를 최적화하고 싶다'라는 고객의 니즈에 맞춰서 설계했다. 그러니 콘셉트가 시장의 니즈와 일치할 수밖에 없었고, 당연히 출시 첫해부터 판매가 순조로웠다.

하지만 히라오 CEO는 매출만 보면 성장 일로를 걷는 듯이 보였지만, 결과적으로 PMF 달성까지는 시간이 꽤 걸렸다고 한다.

당시 서비스를 도입하는 기업은 많았지만, 리텐션율Retention Rate, 고객 유지율은 그리 높지 않았다. 일회성 이용이 많아서, 리텐션율과 해지율이 뒤바뀐 게 아닌가 의심할 만큼 해지율이 높았던 시기도 있었다.

콘셉트가 시장의 니즈와 일치했는데도, 왜 해지하는 고객이 많았을까? 당시에는 히라오 CEO도 그 이유를 몰라서 고민에 싸여 있었다고 한다. 그러던 어느 날 한 권의 책이 사이카의 운명을 바꾸어놓았다.

철저한 고객 관점 문화를 사내에 정착시키다

히라오 CEO가 만난 운명의 책은 저명한 연쇄 창업가 스티브 블랭크의 저서 《깨달음의 4가지 단계The Four Steps to the Epiphany》였다. 스티브 블랭크는 혁신적인 제품을 개발하고서도 고객의 니즈를 충족시키지 못해 문을 닫는 스타트업이 많다는 현실에 안타까움을 느꼈고, 이 책을 통해 제품 개발이 아니라 고객 개발을 중심으로 기업을 경영하는 전략인 '고객 개발 모델'을 소개했다.

스티브 블랭크는 "답은 고객에게 있다"라고 말했습니다. 고객을 이해하고 고객의 마음을 움직일 요소를 정확하게 재현한 제품을 개발해서 시장에 진입해야 한다는 거죠. 돌이켜 생각해보면, 저희는 고객 관점을 제대로 이해하지 못했습니다. 콘셉트에 관한 논의를 하기는 했지만, 그 콘셉트를 제품에 어떻게 반영할지, 다시 말해 제품을 중심으로 이야기한 적은 별로 없었어요.

스티브 블랭크의 저서를 읽고 사이카의 창업 멤버들은 더 철저히 고객 관점으로 생각하여, 고객의 생각을 반영해 제품을 개선하는 쪽으로 사업 방향을 틀었다. 예를 들어 기존 고객을 사무실로 초청해서 평소와 똑같이 '마젤란'을 사용하도록 부탁하고, 그 모습을 촬영해 담당자뿐만 아니라 다른 직원들까지 모두 모여 관찰했다.

또한 그즈음부터 서비스를 해지한 기업을 대상으로 한 인터뷰도 적극적으로 진행했다. 히라오 CEO의 말에 따르면, 그런 노력에 힘입어 이탈한 고객이 다시 서비스를 도입한 사례도 많았다고 한다.

한번 필요성을 느낀 고객은 해지 원인이었던 부분만 개선되면 다시 이용할 가능성이 큽니다. B2B 사업만의 특징일지도 모르지만, 저는 한번 서비스를 이용한 고객은 모두 잠재고객이라고 생각합니다.

그뿐만 아니라 사내에 '고객 개발 회의'를 신설해, 조직 전체가 고객 관점에서 생각할 수 있는 체계를 정비했다. 1달에 1번 전체 부문이 모여서 진행하는 '고객 개발 회의'에서는 회사의 중요 지표인 KGI_{Key Goal Indicator, 핵심 목표 지표}를 세분화한 KPI_{핵심 성과 지표} 트리를 만든다. 이때 KPI 트리는 반드시 각 부문이 전부 포함될 수 있는 구조로 만들었고, 이를 바탕으로 모든 직원이 KGI를 향한 목표 의식을 공유했다.

당시에는 제품 개발 책임자가 특정 기능이 필요하다고 해도, 제가 보기에 상품성이 없어 보이면 망설이곤 했습니다. 제품 개발은 전적으로 개발팀에 맡겨야 한다는 말도 있어서, 어느 쪽이 맞는지 고민이 됐죠. 하지만 스티브 블랭크의 책을 읽고, 결국 고객이 옳다는 사실을 깨달았습니다. 고객을 이해하고 고객에게 가장 필요한 제품을 만들면 되는 거죠. 그렇게 생각하게 되면서 사내 체계도 점차 바뀌어갔습니다.

물론 단기적으로는 긍정적인 효과만 있지는 않았다. 팀을 떠나는 직원이 있을 만큼 타격도 있었다. 하지만 이 시점에서 사내에 싹트기 시작한 '철저하게 고객의 관점으로 생각하며 고객에게 다가가자'라는 문화가 결국 사이카의 성장을 이끄는 계기가 되었다.

고객의 관점에 서서 이론과 다른 길을 걷다

고객에게 한 걸음 더 다가가는 노력을 통해 교훈을 얻은 히라오 CEO는, 이를 바탕으로 '마젤란'의 PMF 달성에 결정적 영향을 미친 2가지 결정을 내렸다. 우선 고객 세그먼트의 범위를 좁혔다. 그리고 해당 고객을 더 섬세하게 지원할 수 있는 체계를 마련했다. 그 과정에서 업계에서 통용되던 이론 몇 가지를 버릴 수밖에 없었다.

사이카는 온라인 광고만 하는 기업은 목표 고객층에서 제외하고, 텔레비전 광고 같은 오프라인 광고를 포함한 분석을 원하는 대기업을 공략하기로 했다. 물론 온라인 광고만 하는 기업도 '마젤란'을 활용할 수는 있지만, 해당 세그먼트에는 이미 경쟁사가 내놓은 툴이 존재했다. 그래서 사이카는 '마젤란'의 능력을 발휘할 기회가 더 많은 대기업에 집중하기로 했다. 그러자 상황이 달라지기 시작했다.

> 처음에는 온라인 광고만 하는 벤처기업이나 SMB Small and Medium Business, 중소·중견 기업가 새로운 기술에 적극적이라고 생각해서, 그쪽을 공략했습니다. 하지만 결과적으로 해지율이 높았죠. 오히려 진입 장벽이 높다고 생각했던 대기업이 '마젤란'의 가치를 알아봐 주었습니다. 얼리어답터부터 공략하라는 이론에 얽매이지 않고, 끊임없이 고객 관점으로 생각했기에, 그런 사실을 깨달을 수 있었죠.

고객 세그먼트를 특정한 히라오 CEO는, 다음으로 사내 체계를 바꿔 나갔다. 대형 고객사의 든든한 파트너가 되기 위해, 그들을 섬세하게 지원할 수 있는 시스템을 마련했다.

> 당시에는 '서비스형 소프트웨어 SaaS는 셀프 서비스가 이상적'이라는 말이 있을 정도였습니다. 고객이 자발적으로 제품을 사용하는 상태를 만들어야 성공이라고 봤기 때문에, 최대한 빨리 온보딩 On-Boarding, 직원들이 새로운 프로그램에 적응하도록 돕는 과정을 마치고 되도록 손을 대지 않을 생각이었죠. 하지만 막상 서비스를 시작하고 보니 '마젤란'을 잘 다루지 못하는 고객이 많았고, 그러다 결국 해지하는 사례가 잇따랐습니다.

이때 사이카는 기존의 성공 이론은 SMB용 SaaS에는 맞지만, 대기업에서 사용하는 SaaS에는 적합하지 않으니 다른 접근법이 필요하다는 가설을 세웠다. 가설에 따라 적어도 초기 1년은 서비스 이용에 직접적으로 관여해서 고객이 제품의 가치를 확실하게 누릴 수 있도록 지원하기로 했고, 이를 위해 이용 요금을 인상하는 결단도 내렸다.

고객을 이해하기 위해 독창적인 지표를 개발

이러한 노력에 힘입어 '마젤란'의 NPS순 추천 고객 지수 점수는 예상 목표치를 뛰어넘었고, 고객사에서 '마젤란이 회사의 문화를 바꿨다'라는 평가도 들었다.

사업 현황을 보여주는 다양한 지표도 개선되기 시작했다. 다만 모든 수치가 한꺼번에 좋아진 것은 아니고, 여기에도 순서가 있었다고 한다. 처음 변화가 나타난 지표는 고객 성공CS 부문의 리텐션율이었다. 문제였던 리텐션율이 개선되자, 잠재고객에게 '고객의 성공 사례'를 보여주며 소구할 수 있었고, 자연스럽게 마케팅 부문의 영업 미팅 시행 건수가 증가했다. 현장 영업 부문에서도 고객의 성공 사례를 소구력으로 활용하자, 영업 미팅의 구매 전환율CVR, Conversion Rate이 상승했다. 히라오 CEO는 이러한 변화를 겪고 나서야 겨우 PMF 달성을 실감했다고 한다.

또한 정성적 측면의 변화도 있었다. 서비스의 가치가 명확해지자, 영업사원과 마케팅 담당자가 고객에게 자사 서비스가 가진 가치를 설명하기 편해졌다. 그 외에도 세미나 요청이나 사례 인터뷰 의뢰를 흔쾌히 수락하는 고객이 늘었다. 물론 CS 부문이 열심히 노력한 영향도 있겠지만, 히라오 CEO는 이 또한 서비스의 가치가 명확해진 덕분이라고 생각했다.

사이카는 PMF를 달성한 후에도 계속해서 체계를 개선해나갔다. 처음에는 고객 만족도를 측정하는 지표로 기존에 있던 NPS나 PMF 점수를 종합해서 활용했지만, 고객 중에는 해당 지표의 수치가 나쁘지 않은데도 이용을 중단하는 곳이 있었다.

계속 이용하는 고객과 서비스를 해지하는 고객의 차이를 하나하나 확인하면서 최적의 지표를 찾아간 결과, 사이카만의 독창적인 지표를 개발하게 됐다. 현재는 해당 지표를 이용해 고객의 서비스 이용과 관련된 '건강 상태'를 파악하고 있다.

PMF 달성은 영원히 쫓아야 하는 목표

'마젤란'을 운영하면서 히라오 CEO가 깨달은 PMF 달성 포인트를 들어보자.

> '답은 고객에게 있다'는 사실을 명심해야 합니다. 이 생각을 전제로 구체적인 포인트를 꼽자면 3가지가 있죠. 첫째로 철저하게 고객 관점으로 생각하면서, 고객이 처한 환경을 파악할 수 있는 체계를 만들어야 합니다. 둘째로 일반적인 성공 모델을 그대로 따라 하지 말아야 합니다. 그리고 셋째로 PMF 달성에는 끝이 없고 영원히 쫓아야 하는 목표라는 사실을 잊지 말아야 합니다.

'마젤란'을 비롯한 여러 제품의 성장 과정을 돌이켜보면, 결과적으로 히라오 CEO는 때때로 업계에서 통용되는 이론과 다른 방법을 선택했다. 독창적인 지표를 개발해서 때로는 'SaaS의 왕도'와는 다른 길을 걷기도 했다. 사이카는 SaaS 업계에서는 널리 알려진 '더 모델The Model, 영업 프로세스를 단계별로 구분하여 각 단계에서 필요한 활동과 목표를 명확히 정의함으로써 영업 성과를 극대화하는 데 중점을 두는 방법론'도 자사에 필요한 형태로 개량해서 운용하고 있다.

물론 기존 모델 중에 참고할 만한 것도 많지만, 기존 모델에 지나치게 얽매이면 실패 요인이 되기도 합니다. 답은 고객에게 있다는 생각을 전제로, 다양한 모델을 적용해보는 것이 중요합니다.

시간이 지나면 고객은 물론 경쟁사도 변하기 마련이다. 그래서 히라오 CEO 역시 PMF는 한 번 달성했다고 해서 끝이 아니라 '영원히 쫓아야 하는 목표'라고 강조했다.

사이카의 PMF 달성 과정을 정리하면 다음과 같다.

사이카의 PMF 달성 과정

✓ 고객의 문제를 바탕으로 제품을 개발한 덕분에, 처음부터 콘셉트가 시장의 니즈와 일치했다.

✓ 판매는 순조롭게 늘었지만, 반면 해지율도 높았다.

✓ 철저하게 고객 관점으로 생각할 수 있도록 조직 체계를 바꿨다.

✓ 고객 세그먼트 범위를 좁히고, 해당 세그먼트에 초점을 맞춰 지원하는 체계를 강화했다.

✓ PMF 달성 정도를 측정하는 독자적인 지표를 개발해 고객의 상태를 파악했다.

(https://sairu.co.jp/method/5694)

계약 건수보다 고객 만족도를 우선한 '플레이드'

여덟 번째 사례는 2015년에 고객 체험 플랫폼 '카르테KARTE' 시리즈 서비스를 시작하고, 2020년 12월에 도쿄증권거래소 마더스 시장(현재는 그로스 시장으로 이동)에 상장한 플레이드PLAID의 성공 스토리다.

구라하시 겐타 대표이사 CEO의 이야기를 통해 PMF 달성 과정에서 무엇보다 중요한 '고객 관점으로 생각하는 법'에 대해 살펴보자.

출시 후 4년이 지나고 나서야 실감한 PMF

플레이드의 주력 서비스는 2015년 3월에 출시한 '카르테'다. 'CX Customer Experience, 고객 체험 플랫폼'을 표방하는 '카르테'는 플레이드의 독자적인 실시간 분석 엔진을 이용해, 웹사이트와 앱을 방문한 고객 한 명 한 명의 행동과 상태를 보여준다. 또한 해당 데이터를 바탕으로 대상자가 하는 말의 문맥을 이해해서 적절한 대화를 이끌어가는 단계까지 원스톱으로 지원한다. 플레이드는 2015년 웹사이트를 통해 서비스 제공을 시작했고, 2018년 3월부터 네이티브 앱Native App, 안드로이드 또는 아이폰 OS 환경에서 제공하는 언어를 기반으로 개발되어 해당 모바일 운영체제에서만 작동되는 앱을 제공하면서 서비스 대상 범위를 확대했다. 그리고 같은 해 12월부터는 고객 데이터나 행동 데이터 같이 사업자가 보유하고 있는 다양한 데이터를 통합해서, 한층 더 수준 높은 행동 실천을 지원하는 서비스 '카르테 데이터허브KARTE Datahub'의 운영도 시작했다.

이런 서비스를 제공하려면, 사용자 한 명 한 명의 정보를 자세하게 보여줄 수 있어야 하고, 해당 데이터를 바탕으로 실제 행동하게 하는 시스템이 있어야 한다. 현재 500곳 이상의 기업이 '카르테'를 이용하는 이유도 바로 실제 그런 행동을 지원하는 기능을 갖추고 있기 때문이다.

플레이드의 서비스는 활용 범위가 넓어서, 사용자 정보를 확인해서 사업의 방향을 바로잡는 일에 활용하는 기업도 있고, 데이터 관련 엔지니어링이나 데이터 과학 업무를 효율적으로 수행하기 위해 활용하는 기업도 있다. 또한 고객이 웹사이트에서 하는 체험을 개선해서 구매 전환율CVR, Conversion Rate을 높이기 위해 사용하기도 한다.

플레이드는 2015년에 서비스를 출시한 이후 계속 성장 가도를 달렸고, 2020년 12월에는 도쿄증권거래소의 마더스 시장에 상장하는 쾌거까지 이루었다. 하지만 의외로 구라하시 CEO는 2019년에야 PMF 달성을 실감했다고 한다.

사용자 데이터가 가진 가치를 이해시키지 못했다

플레이드는 2011년 10월에 설립됐다. 창업자인 구라하시 CEO는 원래 일본 최대 전자상거래 플랫폼 라쿠텐에서 '라쿠텐 이치바Rakuten Ichiba'의 웹 디렉션, 마케팅, 모바일 전략 수립 업무를 담당했다. 그래서 창업 초기에는 전자상거래 관련 컨설팅이나 맛집 앱 관련 사업을 추진했지만, 현재 플레이드의 임원인 시바야마 나오키 CPO를 만나면서 사업의 전환점을 맞이했다. 라쿠텐에서 마케팅 업무를 하던 시절부터 웹 사용자 행동 분석 툴을 사용했던 구라하시 CEO와, 대학원에서 신경과학과 기계학습을 연구한 시바야마 CPO가 머리를 맞대고 논의에 논의를 거듭해서 도출해낸 아이디어가 '카르테'의 시초가 됐다. 당시 구라하시 CEO는 최첨단 기술을 이용하면 지금껏 자신이 고생하면서 하던 업무를 더 정확하고 간편하게 처리할 수 있다는 사실을 깨달았다고 한다.

하지만 제품의 방향성에 자신을 가질 수 있게 될 때까지는 적지 않은 시간이 걸렸다. 처음 그들의 앞을 가로막은 벽은 PMF의 전 단계인 PSFProblem Solution Fit, 문제-솔루션 적합성 검증이었다. 해결해야 할 문제와 그 문제를 해결할 효과적인 방법을 찾기까지가 쉽지 않았다.

　구라하시 CEO가 대상으로 삼은 과제는 명확하게 눈에 보이는 문제가 아니었기 때문에, 일단 자신들이 세운 가설이 실제 '잠재적 문제'로 존재하는지부터 검증해야 했다. 벤처 캐피털에서 처음으로 투자를 받았던 2014년 5월 무렵, 플레이드는 그 부분을 검증하느라 한창 시행착오를 거듭하고 있었다.

　처음에는 키노트Keynote에 인터넷 사이트를 캡처해서 붙이고, 애니메이션 기능을 이용해 콘셉트를 설명했다. 초기 '카르테'는 웹사이트나 모바일 앱상의 고객 행동 데이터를 실시간으로 분석해서, 그 결과를 고객이 보는 화면에 알기 쉽게 도표나 그래프로 표현하는 방식이었다.

　구라하시 CEO는 고객이 익숙하게 사용할 수 있도록, 기존의 웹 사용자 행동 분석 툴과 똑같은 UI를 적용했다. 하지만 시제품을 본 고객의 반응은 냉담했다. 고객은 '웹사이트나 모바일 앱상의 사용자의 데이터를 실시간으로 분석한다'라는 '카르테'의 가치를 이해하지 못했다.

>　우리는 사용자 데이터가 기업에 큰 가치를 제공할 거라고 믿었지만, 고객들은 단호하게 거절했습니다. 분명 잠재적 문제가 있었지만, 그 부분을 확인할 수 없는 상태였죠.

그 뒤로 플레이드는 프로토타입을 개선하면서 계속 기업의 의견에 귀를 기울였다. 그러던 어느 날 갑자기 기업의 반응이 180도 달라졌다.

화면을 뚫어지게 바라보는 고객의 반응에서 발견한 방향성

기업의 반응을 바꾼 요소는 바뀐 '카르테'의 UI였다. 플레이드는 분석 결과를 그래프나 도표로 표현하는 방식을 버리고, 메인 페이지에서 바로 사용자 한 명 한 명의 행동을 직감적으로 알 수 있도록 UI를 변경했다. 사용자별로 접속 경로나 과거에 해당 사이트에서 했던 행동을 보여주고, 사용자가 '지금' 사이트에서 하는 행동을 실시간으로 알 수 있게 아이콘으로 표시했다.

> 이렇게 변할 수가 있나 싶을 만큼 확실하게 고객의 반응이 달라졌습니다. 기업 관계자 분들이 화면을 뚫어지게 쳐다보면서 "어떻게 측정하고 분석합니까?", "지금 이 사람이 사이트에 접속하고 있는 겁니까?"라며 질문을 쏟아냈습니다. 그 반응을 보고서야, 그동안 인터넷에서는 사람의 행동이 실제로 보이지 않았다는 사실을 새삼 깨달았죠.

그제야 구라하시 CEO는 기업이 사용자를 기준으로 정밀하고 자세하게 측정한 데이터를 개인별로 보여주는 솔루션을 원한다는 사실을 깨달았다. 그런 후에야 그는 잠재적인 문제가 확실히 존재한다는 가설과 '카르테'가 지향해야 할 방향성에 대한 확신을 가질 수 있었다.

이용자가 늘어도 실감하지 못했던 PMF

2015년에 '카르테'는 정식으로 출시됐고, 콘셉트에 공감한 기업을 중심으로 빠르게 입소문이 퍼지기 시작했다. 관점에 따라서는 이때를 PMF 달성으로 볼 수도 있겠지만, 구라하시 CEO는 그로부터 4년 뒤인 2019년에야 PMF 달성을 실감했다고 한다.

'카르테'를 도입하는 기업은 계속 늘어났지만, 한편으로 해지하는 곳도 일정 수준 이상 계속 발생했기 때문이다. 상황을 조사해보니, 구라하시 CEO를 비롯한 회사 직원들이 직접 활용을 지원한 기업은 성과가 나타났지만, 자신들이 스스로 '카르테'를 활용하던 기업 중에는 만족할 만한 성과를 얻은 곳이 그다지 많지 않았다. 해지율이 줄지 않는 이유가 그 점에 있었다.

> 콘셉트나 서비스 면에서 앞서가고 있다는 좋은 평가를 받았기 때문에 사업 자체는 꾸준히 성장했지만, 새는 부분을 완전히 막고 사업이 제대로 자리 잡았다고 느낀 건 그 뒤로 한참 더 지나서였습니다.

플레이드는 '카르테'를 운영하면서 분기별 내지 반기별 '해지 건수'와 '해지 건을 제외한 MRR Monthly Recurring Revenue, 월간 반복 수익의 증가 속도'를 주요 지표로 삼았다. 구라하시 CEO는 당시를 회상하면서, 특히 해지 건을 제외한 MRR의 증가 속도가 점차 빨라진 탓에 오히려 곪아가는 부분을 보지 못했다고 지적했다.

해지율을 떨어뜨린 새로운 방침

구라하시 CEO는 2019년부터 2020년에 걸쳐 고객의 서비스 활용 상태와 피드백을 철저하게 확인하면서 새는 부분을 막기 위한 대책을 찾았다. 그리고 그 과정에서 중요한 깨달음을 얻었다.

> '카르테'는 다양한 방법으로 활용할 수 있는 서비스인 만큼 제품 자체가 단순하지 않기 때문에, 제품만 제공해서는 안 된다는 사실을 깨달았습니다. 플레이드의 제품은 제품과 지원 서비스를 함께

제공해야 비로소 가치를 발휘할 수 있었던 거죠. 따라서 고객이 '카르테'를 어떻게 활용하는지 꼼꼼히 살피고 차근차근 소통해야 한다는 사실을 통감했습니다.

자원이 넉넉하지 않은 스타트업은 사업의 중심축을 어디에 두는지가 매우 중요하다. PMF를 실감하기 전까지, 플레이드는 '무조건 새로운 고객에게 제품을 알리는 일이 우선'이라고 생각했다. 고객 성공 팀은 주로 '문제가 발생했을 때 지원하는 방식'을 중심으로 움직였다. 즉 당시 플레이드에는 고객의 성공을 적극적으로 보장하는 체계가 없었다.

원래 플레이드는 제품에 중심을 두고, 사내 인력을 제품 부문과 비즈니스 부문에 절반씩 배치한다는 방침을 가지고 있었다. 그래서 2019년까지는 비즈니스 부문의 인력을 늘리지 않았다. 어떻게 보면 '채용을 제한'해서 균형을 유지한 셈이다. 예를 들어 영업 부문에 있어서도, 사람이 아닌 제품이 제품을 파는 '제품 회사Product Company'로서의 기반을 다지는 조직 체계를 구축해야 한다는 생각이 강했다.

하지만 대책을 찾는 과정에서 깨달음을 얻은 구라하시 CEO는 고객 성공 체계를 더 강화해야 한다는 판단을 내렸다. 앞으로 제품에 더 힘을 쏟기 위해서라도, 한 번은 사업의 중심축을 바꿔야 했다. 결과적으로 그의 판단은 옳았고, 덕분에 '카르테'의 해지율도 큰 폭으로 떨어졌다.

고객이 만족해도 안심은 금물

구라하시 CEO에게 만약 다시 처음으로 돌아간다면 무엇을 바꾸고 싶은지를 물어보았다. 그는 똑같은 사업을 한다면 경험을 바탕으로 가장 빠른 지름길을 선택하겠지만, 만약 다른 사업을 한다면 최적의 방법도 달라질 테니, 우선은 예상되는 방법들을 하나씩 시도하면서 성과가 나지 않는 방법을 제거해가겠다고 대답했다.

> 해보지 않으면 맞는 방법인지도 알 수 없습니다. 따라서 선택지를 하나씩 시도해보는 접근 방식이 가장 확실하다고 생각합니다.

다만 서비스 단가표(요금 플랜의 종류)의 항목을 지나치게 늘리는 방법만은 처음부터 염두에 두지 않겠다고 했다. '카르테'는 출시 당시 4가지 종류의 요금 플랜을 설정했지만, 종량 요금제는 결과적으로 고객의 이용을 제한하는 요소로 작용했다. 특히 아직 제품이 미숙한 상태인 초기 단계에는 되도록 많은 사용자가 이용해야 개선점도 찾을 수 있다. 따라서 제품의 발전을 위해서라도 사용자들이 마음껏 사용할 수 있는 요금 체계를 설정해야 한다.

구라하시 CEO는 PMF 달성 포인트로 '눈앞에 있는 숫자에 현혹되지 말 것'을 꼽았다.

> 계약을 따내거나 고객이 돈을 내고 자사의 서비스를 이용하는 것보다 기쁘고 멋진 경험은 없을 겁니다. 하지만 그 감정에 너무 취해 있지 말고, 고객이 왜 돈을 내고 서비스를 이용하는지, 고객의 결정이 진정으로 이해하고 내린 결과인지, 어딘가 걸리는 부분은 없는지를 냉정하게 생각해야 합니다. 범용성이 높은 제품일수록 고객이 만족하는 포인트도 다양합니다. 때로는 고객이 만족한 가치가 당신이 제공하려고 했던 가치와 다를 수도 있습니다. 따라서 고객이 만족했다고 해서 PMF를 달성했다고 생각해서는 안 됩니다. 당신이 그렸던 미래에 도달하려면 조금 더 노력해야 할 수도

있습니다. 고객이 어떤 반응을 보일지 확실하게 아는지, 예상한 대로의 반응을 끌어낸 상태로 계약에 성공했는지, 저는 이 부분이 가장 중요하다고 생각합니다.

플레이드의 PMF 달성 과정을 정리하면 다음과 같다.

플레이드의 PMF 달성 과정

✓ 시제품을 통해 고객 의견을 모았다(PSF 과정).

✓ 이용자 수는 급증했지만, 일정 수준 이상의 해지도 계속 발생했다.

✓ 고객 성공 체계를 강화해서 해지율을 떨어뜨리고 나서야 PMF 달성을 실감했다.

✓ 고객의 의사결정 과정과 만족했다는 의견의 내면을 들여다보고, 자신들의 가설과 일치하는지 확인했다.

(https://sairu.co.jp/method/5704)

단계적으로 PMF를 달성한 '와큘'

아홉 번째로 소개할 기업은 AI 기술을 활용해 자동으로 기업의 웹사이트를 분석하고 성능을 개선해주는 서비스형 소프트웨어SaaS 'AI 애널리스트AI Analyst'를 비롯하여 다양한 서비스를 제공하는 와큘WACUL이다.

　와큘은 지금까지 3만 6,000개가 넘는 사이트의 개선을 지원했으며, 2021년 2월에 도쿄증권거래소의 마더스 시장에 상장했다(현재는 그로스 시장으로 이동). 와큘은 PMF에 도달하기까지 특별한 역사를 거쳐왔다. 와큘이 지금까지 어떤 시행착오를 겪었고, 앞으로 지향하는 목표는 무엇인지에 관해, 가키우치 유이 대표이사의 이야기를 들어보자.

상장의 꿈을 이뤄준 'AI 애널리스트'의 시작

2010년 9월에 설립된 와큘은 2015년 4월에 AI로 웹사이트를 분석해서 개선점을 제안하는 'AI 애널리스트'를 정식으로 출시했다. 현재는 디지털 마케팅 대행 서비스를 중심으로, 마케팅 DX 인재와 기업을 이어주는 매칭 서비스를 포함해 다양한 솔루션을 제공하고 있으며, DX 컨설팅과 연구 개발로 얻은 지식을 적극적으로 알리는 다각적인 기업으로 발돋움했다.

와큘의 가키우치 대표이사는 대학을 졸업하고 DX 컨설팅 업체인 주식회사 '비비트beBit'에 입사했다. 비비트에서 웹 컨설팅과 제품 판매 업무를 담당하며 7년간 근무한 후, 먼저 퇴사한 동료가 창업한 와큘에 합류해 대표이사로 취임했다. 그는 와큘에서 'AI 애널리스트' 개발을 초기부터 이끌었으며, 신사업 개발과 R&D 부문도 담당했다.

와큘은 지금까지 총 3만 6,000개 이상(2022년 2월 말 기준)의 사이트를 개선해온 눈부신 실적을 자랑하며, 2021년 2월에는 도쿄 증권 거래소의 마더스 시장에 상장하는 쾌거를 이루었다. 하지만 일본 B2B 스타트업의 대표적인 성장 모델로 불리는 와큘에도 수난의 시기는 있었다.

그때는 해지율이 거의 100%에 가까웠습니다.

이렇게 해지율이 100%에 가까울 정도로 치솟았던 서비스는 놀랍게도 현재 와큘의 중심 사업이자 증권 시장 상장을 뒷받침한 'AI 애널리스트'였다. 가키우치 대표이사는 'AI 애널리스트' 개발로 이어졌던 창업 당시의 상황을 이렇게 회상했다.

당시 디지털 마케팅 관련 컨설팅 서비스를 제공하는 회사 중에 실제로 고객사의 실적 향상을 보장하는 곳은 어디에도 없었습니다. 그런 상황을 개선하고 싶었죠. 그래서 '성과 보장형 웹 컨설팅'을 표방하면서, 구글 애널리틱스의 데이터를 기반으로 한 대책을 제안하고, '구매 전환율 ○○% 향상'이라는 목표를 내걸었습니다. 목표 미달성 시 환불을 보장하는 컨설팅 서비스를 선보였죠.

하지만 당시에는 AI가 아니라 가키우치 대표이사와 팀원들이 수동으로 데이터를 분석했기 때문에, 회사 1곳을 분석하고 엑셀로 정리하는 데 꼬박 1주일이 걸렸다. 가키우치 대표이사 본인도 '일을 하면 할수록 점점 바보 같다'는 생각이 들었다고 할 만큼 비효율적이었기에, 결국 얼마 가지 않아 인력의 한계에 부딪혔다. 이 일이 2014년에 'AI 애널리스트'의 전신인 '슈어!Sure!'를 개발하게 된 계기였다.

당시 사무실이 도쿄 분쿄 구에 있었는데, 업무 효율이 너무 낮아서 근처에 있는 도쿄대학 학생들을 아르바이트생으로 고용해 분석 결과 집계 작업을 맡기기도 했습니다. 하지만 아무리 도쿄대학 학생이라도 이 분야에 감이 없다 보니까, 제가 할 때보다 시간이 2~3배는 더 걸리더군요. 노동력이 너무 많이 들어갔습니다. 그래서 엑셀의 매크로 기능을 활용해 분석을 자동화하는 프로그램을 만들었죠. 그것이 'AI 애널리스트'의 시작이었습니다.

PMF 달성 1단계는 'SaaS화'

그 후 가키우치 대표이사는 2014년 8월에 그때까지 사내에서 이용하던 자동 분석 엑셀 프로그램을 사외 고객사에서도 이용할 수 있도록 SaaS로 개량했다. 이 서비스가 '슈어!'였다.

초기에 '슈어!'는 구글 애널리틱스의 데이터를 집계해서 효율적으로 사이트를 개선할 방법을 찾아 기업에 제안한다는 점을 강점으로 내세웠다.

도입 장벽도 낮아서, 출시하자마자 가입자가 쏟아졌다. 인터넷 광고도 하지 않았는데, 가입자 수가 매일 증가했다고 한다.

> PMF 달성까지는 아니었지만, 그때 처음으로 저희 서비스가 세상의 니즈와 맞아떨어지는 경험을 했습니다.

그 후 와큘은 사이트의 개선 방향을 제시할 뿐만 아니라, 경쟁사 사이트와 비교할 수 있는 기능까지 추가하는 등, 제품의 판매를 촉진해줄 만한 특징을 강화했다. 그리고 2015년 4월에 '슈어!'의 후속 사업으로 'AI 애널리스트'를 출시했다. 이때도 출시와 동시에 가입자가 몰려들었다.

> 당시 일본에 'AI'라는 용어가 막 등장하기 시작했을 시기라, 'AI'라는 용어 자체가 사람들의 이목을 끌었다는 사실은 부정할 수 없습니다. 일단은 용어 선정부터 성공 요인의 하나였던 거죠. 다만 당시의 AI는 지금의 AI와 차이가 컸습니다.

따라서 기술적인 부분은 도쿄대학의 마쓰오 유타카 교수와 공동 연구를 진행하면서 보완해나갔다.

PMF 달성 2단계는 '요금제 개선'

'AI 애널리스트'는 가키우치 대표이사도 놀랄 만큼 반응이 뜨거웠다. 다만 요금 체계가 걸림돌이었다. 초기에 설정했던 요금 체계는 첫 이용은 무료이고 이후에는 의뢰당 비용을 내는 방식으로, 회당 요금은 3만 엔이었다. 하지만 거의 이익이 나지 않았다. 가키우치 대표이사는 당시를 회상하며, 두 번째부터는 요금을 내고 사용할 거라고 믿었던 자신이 너무 안이했다고 반성했다.

결국 출시하고 반년이 지난 2015년 11월에 요금제를 건당 과금에서 월정액제로 변경했다. 다행히 기존에 무료로 가입했던 기업을 대상으로 영업을 진행해보니, 반응도 나쁘지 않았다. 하지만 그 앞에 생각지도 못했던 함정이 도사리고 있을 줄은 아무도 몰랐다.

> 월 5~10만 엔이라는 요금에 걸맞은 가치를 창출하기 위해서, 매월 분석 리포트를 제공하기로 했습니다. 하지만 같은 사이트에서 나오는 분석 결과는 매월 거의 변화가 없었죠. 점차 고객들의 불만이 쌓여갔고, 결국 해지가 쏟아졌습니다.

가입자 수의 증가세는 여전했다. 비슷한 서비스를 제공하는 다른 회사가 없었기 때문에, 월 이용료가 10만 엔에 달해도 20% 정도의 영업 성공률을 유지했다. 하지만 그만큼 해지율도 높았다. 판단이 빠른 기업은 첫 달에 '서비스를 도입해도 달라진 것이 없다'고 불만을 제기하면서 바로 해지하기도 했다. "당시 해지율이요? 거의 100%에 가까웠죠." 가키우치 대표이사가 당시 상황을 이렇게 표현할 만큼, 당시 와큘은 심각한 위기에 내몰렸다.

하지만 여기서 주저앉을 수 없었던 와큘은 'AI 애널리스트'에 분석만이 아니라 개선 방향까지 제안하는 기능을 추가하기로 했다. 추가 가치를 제공해서 월정액제를 안정시킬 생각이었지만, 안타깝게도 이 또한 예상대로 흘러가지 않았다.

> 분석 결과로 개선해야 할 부분을 제안해도, 고객들은 대부분 움직이지 않았습니다.

해지율은 계속 상승하기만 했다.

PMF 달성 3단계는 '원격 미팅 서비스' 제공

와큘은 고객이 자사의 서비스를 제대로 활용하지 못하는 문제를 해결하기 위해, 'AI 애널리스트'를 이용하는 고객사에 45일마다 원격 미팅 서비스를 제공하기로 했다. 이때가 요즘 말하는 고객 성공 달성에 나서기 시작한 순간이었다.

미팅 주기를 월 1회로 하지 않은 이유는 이익 측면에서 적합하지 않다고 판단했기 때문이었다. 원격 미팅에서 와큘은 사이트 화면 개선안을 파워포인트로 정리하여 구체적으로 제안했다. 고객사가 해야 할 일을 명확하게 제시하고, 개선 대책을 실천해서 성과를 낼 수 있도록 고객 성공 담당자가 꼼꼼하게 지원하자, 해지율이 서서히 떨어지기 시작했다.

> 단순히 수동으로 하던 업무를 자동화하는 것뿐이라면, 이렇게까지 고생할 필요는 없었을 겁니다. 하지만 '사이트를 분석해서 개선안을 도출하고 성과를 낸다'라는 콘셉트는 그 자체가 생소한 업무였습니다. 기존에 비슷한 서비스가 없어서 기업도 처음 도입하는 서비스였기 때문에, 고객이 사용 방법을 충분히 익힐 수 있도록

지원해야 했습니다. 도전적인 영역에 뛰어들었던 거죠.

원격 미팅 서비스를 제공하기 시작한 후, 가키우치 대표이사가 직접 작성한 파워포인트의 수가 1달 만에 500건을 넘었다. 그러던 중 그가 작성한 제안 내용을 자세히 들여다보니, 사이트 개선안을 크게 3가지 유형으로 나눌 수 있었다. 그때부터 직원들에게 맡길 수 있었다.

PMF 달성 4단계는 '크로스셀링 제품' 개발

가키우치 대표이사의 이야기를 듣다 보니, 'AI 애널리스트'는 이미 PMF를 달성했다고 볼 수 있는 전환점을 여러 번 맞이했다는 생각이 들었다. 하지만 와큘은 그 이후에도 이런저런 시행착오를 거듭하며 계속 성장해갔다. 가키우치 대표이사는 그 과정을 '어둠 속에서 더듬더듬 새는 부분을 찾아 막아가면서 버텨온 느낌'이라고 표현했다. 실제로 그 뒤로도 또다시 생각지 못한 위기가 찾아왔다.

사이트 개선은 메인 페이지와 고객 문의 페이지 변경이 가장 큰 부분이라, 그 후에 제공하는 조언은 아무래도 세부적이고 사소할 수밖에 없다. 그러다 보니 드러나는 효과도 크지 않았다. 결국 1~2년 이용한 고객을 중심으로 다시 해지율이 상승하기 시작하면서, 와큘은 또다시 위기감에 휩싸였다.

영업 미팅 건수와 광고비를 늘리며 다양한 노력을 했지만, 근본적인 해결책이 되지는 못했다. 이때 와큘이 선택한 전략은 '제공 가치의 근본적인 개혁'이었다. 와큘은 웹사이트 데이터 분석과 개선안 제안이라는 가치를 중심으로, 디지털 마케팅 전반에 걸친 PDCA 사이클을 지원하는 서비스까지 제공하기로 했다. 자사가 제공할 수 있는 가치의 범위를 고객이 지속적인 가치를 느낄 수 있는 영역으로 확장한 것이다.

구체적으로 살펴보면 사이트 개선에 그치지 않고, 구매 전환 건수의 향상이라는 관점에서 인터넷 광고, SEO, 메일 마케팅 등에 대한 개선 방안을 제안했다. 다시 말해 크로스셀링 제품을 개발한 셈이다.

> 먼저 'AI 애널리스트'로 사이트의 구매 전환 건수를 높여서 고객의 신뢰를 얻은 다음, 다른 서비스의 도입도 권했습니다. 광고 운용도 광고 대행사처럼 광고비의 마진율을 높이자는 발상이 아니라, 구매 전환에 초점을 맞추면 더 큰 성과를 낼 수 있거든요. 크로스셀링 상품을 개발해서 해지율을 낮췄고, 결과적으로 고객당 LTV고객 생애 가치도 2배 이상 상승했습니다.

그 후 2019년 2월부터는 SaaS와 컨설팅이라는 두 축에 더해, 마케팅 테크놀로지에 관한 연구 개발 정보를 제공하는 일도 시작했다. 와큘의 실적은 상승세를 이어갔고, 이윽고 2021년 2월에 도쿄증권거래소의 상장이라는 꿈을 이뤄냈다.

전 세계에 진정한 PMF를 달성한 제품은 아이폰뿐

지금까지 와큘이 거쳐온 역사를 되짚어보니, 'AI 애널리스트'는 다음의 4단계를 거쳐 PMF를 달성했다는 사실을 알 수 있었다.

1. SaaS로 개량한 초기 'AI 애널리스트'가 큰 반향을 일으킨 단계
2. 요금제와 기능을 개선한 단계
3. 고객에게 정기적 미팅 서비스를 제공해서 해지율을 낮춘 단계
4. 인터넷 광고나 SEO와 같은 크로스셀링 제품을 통해 고객의

LTV를 높인 단계

시장에는 구글 애널리틱스 같은 플랫폼에서 얻은 데이터를 개선에 활용하기 어렵다는 문제가 존재했고, 'AI 애널리스트'는 출시하자마자 여기에 딱 맞는 솔루션을 제공했습니다. 하지만 결국 해지율을 낮추고 LTV를 높인 요인은 계속해서 높아지는 고객의 기대에 그때그때 부합했기 때문이라고 생각합니다.

하지만 와큘이 언제 PMF를 달성했다고 생각하느냐는 질문에, 가키우치 대표이사는 "크게 봤을 때 아직 한 번도 PMF를 달성한 적이 없다"라며 의외의 대답을 내놓았다.

이제 'AI 애널리스트'가 시장에서 자리 잡았다고 생각하고, 출시했을 때 나타난 뜨거운 반응에서 시장의 니즈가 얼마나 큰지도 알게 됐습니다. 하지만 당당하게 PMF를 달성했다고 말할 수 있는 제품은 전 세계에서 아이폰 하나밖에 없지 않을까요?

그가 단호하게 '와큘은 아직 PMF를 달성하지 못했다'고 말한 이유는, PMF가 도달해야 하는 특성 위치가 아니라 추구해야 할 '바람직한 모습'이며, 계속해서 변하는 시장과 경쟁사에 맞춰서 늘 쫓아야 하는 '이상'이라고 생각하기 때문이다.

따라서 PMF 달성 포인트는 '현재의 제품이 고객의 니즈와 일치하는지를 고객에 대한 해상도를 높여가면서 계속 지켜보는 것'에 있다고 강조했다. 가키우치 대표이사는 지금도 자사의 서비스가 고객의 니즈를 충족시키고 있는지, 무엇이 부족한지를 철저히 파악하기 위해 정기적으로 고객을 만난다.

와큘은 2021년 12월에 디지털 마케팅 인재 매칭 서비스 '마케터 에이전트Marketer Agent'를 출시했다. 데이터에서 개선안을 도출하지 못하는 기업을 위해 'AI 애널리스트'를 제공하고, 개선안을 실행에 옮기지 못하는 기업을 위해 대책 실행을 도와주는 크로스셀링 제품까지 제공했는데도, 디지털 인력이 부족해서 성과를 내지 못한다는 새로운 문제가 드러나자 또다시 신사업에 뛰어든 것이다.

'AI 애널리스트'는 이름에서 알 수 있듯이 소프트웨어 기반 서비스지만, 여전히 마지막에는 사람이 직접 나서서 대화를 나누며 '최후의 일격'이 될 힌트를 찾는다. 와큘은 이때 고객의 니즈를 발견해서, '성과 창출'이라는 핵심에 초점을 맞춘 본질적인 가치를 제공하기 위해 끊임없이 새로운 제품을 개발한다. 이러한 프로세스가 와큘의 성공을 뒷받침해오지 않았을까?

와큘의 PMF 달성 과정을 정리하면 다음과 같다.

와큘의 PMF 달성 과정

- ✓ 성과 보장형 웹 컨설팅으로 사업을 시작했다.
- ✓ 사람이 하던 작업을 엑셀의 매크로 기능으로 자동화했다.
- ✓ 해당 기능을 제품화하자, 가입자가 몰려들었다.
- ✓ 요금제를 바꾸고 기능을 확대했지만, 해지율이 떨어지지 않았다.
- ✓ 45일마다 원격 미팅 서비스를 제공해서 해지율을 낮췄다.
- ✓ 크로스셀링 상품을 개발해서 해지율을 개선하고, LTV를 2배 이상 높였다.

(https://sairu.co.jp/method/5760)

성실한 자세로 영업에 최선을 다한 '포토신스'

열 번째로 소개할 기업은 스마트 도어록을 이용한 클라우드 기반 출입 관리 시스템 '아케룬Akerun'을 운영하는 포토신스Photosynth다. 포토신스는 원래 일반 소비자를 대상으로 한 스마트 도어록 회사로 시작했지만, 법인 대상의 출입 관리 시스템 사업을 시작해서 PMF를 달성하고, 2021년 11월에는 도쿄증권거래소의 마더스 시장에 상장한 기업이다(현재는 그로스 시장으로 이동). 그 과정에서 포토신스가 어떤 일을 겪었는지, 가와세 고다이 대표이사 사장의 이야기를 들어보자.

성장의 발판이 된 추가 설치형 스마트 도어록

포토신스가 법인을 대상으로 제공하는 클라우드 기반 출입 관리 시스템은, 사용 중인 문에 추가로 스마트 도어록을 설치하기만 하면 사무실 보안 강화는 물론 업무까지 효율화할 수 있는 서비스다.

'누가', '언제', '어디'에 출입했는지가 한눈에 보여서 출입 정보를 손쉽게 관리할 수 있고, 다른 서비스와 연동하면 근태 관리나 회원 관리에도 활용할 수 있다. IC 교통카드나 스마트폰으로 문을 여닫을 수 있어서, 직원이나 아르바이트생에게 시간을 제한한 출입 권한을 부여할 수도 있다. '문을 열기 위한 출근'이 불필요해진다는 장점 덕분에, 코로나19 확산 시기에 찾는 곳이 급격히 늘어났다고 한다.

보안 시스템이나 출입 관리 시스템은 이미 다양한 제품이 존재했지만, 전자 잠금장치는 설치하려면 별도의 시공이 필요하고 문 하나에 대략 100만 엔 정도의 설치 비용이 드는 경우도 드물지 않다. 하지만 '아케룬'은 큰 공사 없이 설치할 수 있고, 연동 소프트웨어도 이용하기 편리하다. 이런 장점에 힘입어 대기업부터 중소·중견 기업까지 도입해서, '아케룬'은 이미 누적 이용 기업 수 7,000곳을 돌파했다.

순조로운 출발 후 3개월 만에 나타난 위기의 징후

현재 포토신스는 법인을 대상으로 하는 클라우드 기반 IoT 서비스 제공 기업으로 자리 잡았지만, 원래는 '스마트 도어록'이라는 용어 자체가 생소했던 2015년에 '가정용 스마트 도어록'을 출시하며 시작했다.

포토신스가 설립된 2014년은 프로덕트 아웃Product-Out, 혁신적인 제품을 만들면 시장 수요가 뒤따른다는 접근법 전략을 추진하며, 독특한 소형 제품을 개발해서 시장에 뛰어든 하드웨어 스타트업이 많았던 해였다. 당시 포토신스의 창업 멤버들도 '스마트폰으로 문을 열 수 있으면 편하겠다'라는 화제로 이야기를 나누다가, 스마트 도어록 개발을 시작하게 됐다. 그리고 2015년 4월에 실제 제품이 세상에 나왔다.

> 창업했을 당시에 PMF라는 개념을 알았다면 좋았겠지만, 그때는 전혀 몰랐습니다. 그래서 '일단 화제를 모으면 팔리고, 그러다 보면 잘되지 않을까'라는 막연한 생각으로 시작했죠. 당시에는 추가 설치형 스마트 도어록이 세계 최초였기 때문에, 여러 언론에 소개됐고 실제로도 잘 팔렸습니다.

하지만 순풍이 불던 시기는 그리 길지 않았다. 고작 3개월 만에 바로 위기의 징후가 나타났다. 시작은 순조로웠지만, 사실 PMF에는 도달하지 못했던 것이다.

확실히 잘 팔리기는 했지만, '아케룬'의 이용률은 점점 떨어졌습니다. 당시에는 단순히 제품을 판매만 하는 방식이었기 때문에, 사업이 큰 타격을 입지는 않았습니다. 하지만 고객의 문제를 해결해주지는 못했죠. 그저 '신기한 전자제품'에 불과했던 겁니다. 데이터를 보면 그 사실을 확실히 알 수 있었어요. 그래서 이대로 계속 판매하는 건 위험하다고 판단했습니다.

다행히도 '아케룬'은 하드웨어 기기만이 아니라 앱도 함께 제공하는 제품이었다. 하드웨어 기기의 판매 자체는 일정 수준을 유지하고 있었기 때문에 당장 매출이 떨어지지는 않았지만, 앱을 통해 이용률을 측정할 수 있었던 덕분에 사용자들의 이용이 생각보다 활발하지 않다는 사실을 빨리 파악할 수 있었다.

어떤 고객이 자사 제품을 'Must have'로 인식하는가

그때부터 '아케룬'의 PMF 달성 여정이 시작됐다. 신디 앨버레즈의 《린 고객 개발 Lean Customer Development》이라는 책을 교과서로 삼아, 해당 이론을 자사 사업에 맞춰 조정하면서 논리적으로 PMF를 찾아갔다.

우선은 '어떤 시장에서 누구에게 서비스를 제공할지'를 정리하기 위해 사용자 의견부터 모았다. 그때 이미 '아케룬'은 일반 가정집뿐만 아니라 숙박 시설, IT 기업, 교육 시설에 이르는 다양한 곳에 설치되어 있었기 때문에, 초기 사용자 중 100곳을 선정해서 '사용하고 있는 기능'과 '있으면 편할 것 같은 기능'에 대해 직접 의견을 들을 수 있었다.

이렇게 얻은 고객 의견을 바탕으로, 제품(주요 기능)과 시장(목표 고객)을 함께 고려한 'PMF 달성 가설' 몇 가지를 세웠다. 그다음 고객 세그먼트별로 '아케룬'을 모르는 사람 10명에게 '아케룬'을 이용할 의향이 있는지를 물었다.

예를 들어 가설에서 고려한 시장 중 하나가 태양광 발전 관리 회사라면, '아케룬'을 모르는 태양광 발전 관리 회사의 담당자 10명에게 의견을 묻는 식이었다.

> 특히 중요하게 생각한 부분은 자사의 제품이 고객에게 'Must have 반드시 있어야 하는 것'인지 'Nice to have 있으면 좋은 것'인지를 확인하는 일이었습니다. 이 제품이 없으면 불편하고 당장 매출 감소로 이어질 수 있는 곳, 그래서 자사의 제품을 강력한 'Must have'로 인식할 곳을 찾는 일에 주력했습니다.

조사 결과 10명 중 10명 모두가 제품이 필요하다고 생각했고, 그중 4명은 바로 구매하고 싶다고 대답했다. 포토신스는 이 회사들을 'Must have'로 정의하고, PMF 달성 가설을 세분화해나갔다. 그 결과 출입 관리 데이터를 효과적으로 수집할 수 있는 시스템에 대한 니즈가 가장 강한 곳은 '직원 수가 10~300명 정도의 중소 IT 기업'이라는 사실을 알 수 있었다.

실제로 해당 고객층에서는 계속해서 사용자가 늘어났을 뿐만 아니라, 이용률도 높은 수준을 유지했습니다. 데이터를 봐도 역시 이 시장이 가능성이 있다는 생각이 들었죠. 같은 법인 대상이라고 해도, 실제 어떤 기업에 제공하는지에 따라서 전혀 다른 서비스가 됩니다. 그래서 고객 의견을 들으면서 가장 반응이 좋았던 세그먼트로 범위를 좁히고, 해당 고객에게 집중하기로 했죠.

영업과 마케팅으로 PMF 달성 가설의 정밀도를 올리다

포토신스는 가정용 제품으로 시작했지만 3개월 만에 방향을 바꿨고, 다시 3개월 동안 고객의 의견을 들으며 공략해야 할 시장을 정리했다. 그 뒤로 스마트 도어록을 포함한 법인 대상 제품을 개발하기까지 다시 1년 정도의 시간이 걸렸지만, 그래도 하드웨어 스타트업치고는 상당히 빠른 속도로 사업을 추진한 편이다.

법인 대상 서비스로 새출발을 하고 나자, 점차 시장 상황에 대한 해상도가 높아지기 시작했고, '유동 인구와 취급하는 정보량이 많은 업종'이 자사의 서비스와 잘 맞는다는 사실도 알게 됐다.

> PMF 달성 가설과 기업을 대상으로 한 의견 청취를 통해서 10~300명 규모의 기업에서 니즈가 강하다는 사실은 알았지만, 그다음부터는 영업에 달려 있었습니다. 실제로 제품을 판매하면서 '어떤 고객들에게 잘 팔리는지'를 확인하는 방식으로 시장에 대한 해상도를 높여갔죠. 그렇게 어느 정도 기간이 지나니까 고정적으로 매월 일정 수 이상의 고객 문의가 들어왔고, 거기서 발생한 수주율과 수주 건수 같은 데이터를 바탕으로 의사결정을 할 수 있게 됐습니다.

또한 가와세 사장의 말에 따르면, 서비스 인지도를 높여가는 과정에서 '출입 관리 시스템'이라는 키워드를 발견한 일도 PMF 달성을 앞당기는 데 큰 도움이 되었다고 한다. 처음에는 '스마트 도어록'으로 광고했지만, 키워드를 '출입 관리 시스템'으로 바꾸자 구매 전환율

CVR, Conversion Rate이 껑충 뛰어올랐다.

사실 창업할 때는 '출입 관리 시스템' 사업을 할 생각이 전혀 없었다. 하지만 당시에는 마케팅이든 개발이든 모두 창업 멤버들이 담당하고 있었고, 다들 PMF 달성에 향한 목표 의식이 상당히 강했다. 그랬기에 '출입 관리 시스템'이라는 키워드를 발견했을 때는 마치 금맥이라도 발견한 기분이었다고 한다.

가치에 따른 가격 책정

포토신스는 공략해야 할 시장을 특정하고 기능을 확대하는 동시에, 이용 요금도 인상했다. 처음에는 월 1만 엔 정도로 서비스를 이용할 수 있었지만, 점차 다른 보안 서비스 업체와도 겨뤄볼 수 있겠다는 자신감이 생겼고, 그때부터 제품 및 기능 확대나 경쟁 상황 등을 고려해서 순차적으로 요금을 재검토했다.

> 월 1~2만 엔이라고 하면, 대부분 문 하나에 그만한 돈을 낼 수는 없다고 생각합니다. 하지만 요금을 검토할 때는 시장의 외부 환경을 많이 의식했습니다. 보안 업체에 의뢰해서 처음부터 전자 잠금 시스템을 개발하면, 문 하나에 100만 엔 정도의 비용이 들어갑니다. 관리 주기부터 데이터 활용 가능 여부, 제품 기능까지 고려하면 '아케룬'의 가치를 알아볼 거라고 생각했죠. 그러면 현재의 요금이 적정하다고 생각할 거라고 판단했습니다.

'아케룬'이 목표 고객으로 삼은 기업 중에는, 사무실 이전이나 확장으로 보안 시스템 강화를 검토하는 곳도 적지 않다. 그런 상황에서 후보가 되는 곳은 경비 관련 업체나 시스템 벤더System Vendor로, 스마트 도어록 회사가 거론되는 경우는 거의 없다.

하지만 스마트 도어록을 활용한 '아케룬' 서비스를 이용하면 초기 비용을 줄일 수 있을 뿐만 아니라, 해체가 간단해서 이전하는 사무실에서도 바로 사용할 수 있다. 또한 시스템을 통해 얻은 데이터는 출입 관리뿐만 아니라, 근태 관리를 비롯한 다양한 용도로 활용할 수 있다. 즉 다른 선택지와 비교할 때 부가가치가 훨씬 큰 것이다. 이런 장점 덕분인지, 실제로 업데이트하면서 요금을 조정해도 '아케룬'의 인기는 사그라지지 않았다.

앞서 말했듯이 매월 고정적으로 일정 수 이상의 문의가 들어왔고, 덕분에 일단은 인사이드 영업 체계를 강화하면서 중소·중견 기업을 중심으로 고객을 확보했다. 그 후 점차 제품이 업그레이드되면서 대기업 고객이 늘어나자, 파트너 영업과 현장 영업 체계를 정비해서 사업을 확장해갔다.

PMF는 시리즈 A일 때만이 아니라 계속 추구해야 한다

> PMF는 시리즈 A일 때만이 아니라 끊임없이 추구해가야 한다고 생각합니다.

가와세 사장은 지금까지의 경험을 바탕으로 PMF에 대한 견해를 이렇게 밝혔다. 포토신스도 '직원이 10~300명 정도의 중소 IT 기업'에서는 비교적 빨리 PMF를 달성했지만, 시리즈 B 단계에서는 '과연 부동산, 컨설팅, 의료, 금융 같은 다른 업종에서도 아케룬을 이용할지 확실하지 않은 상태'에서 투자를 유치했다.

그때부터 지금까지 포토신스는 몇 번이나 작은 PMF를 달성하며 성장해왔다. 특히 하드웨어는 소프트웨어 사업에 비하면 대량생산하는 데 많은 시간과 돈이 들어간다. 그래서 포토신스는 초기부터 하드웨어는 최소한으로만 개발하고, 확신이 생겼을 때 투자를 대규모로 늘리는 방식을 취해왔다.

> 업계가 아주 조금만 변해도 고객의 니즈와 원하는 제품이 바뀔 수 있습니다. '아케룬'만 봐도 (개별실 형태의) 공유 오피스나 열린 공간을 함께 쓰는 코워킹 스페이스를 이용하는 고객의 니즈는 다른 고객들과 다릅니다. 따라서 당장 눈앞에 있는 시장에서 PMF를 달성했다고 해도, 계속해서 주의해야 합니다. 그렇지 않으면 TAM Total Addressable Market, 확보할 수 있는 시장의 최대 규모이 매우 작은 사업으로 전락할 수도 있거든요.

또한 포토신스는 계속해서 PMF를 달성할 수 있는 시스템을 구축하기 위해, PMF 검증을 전담하는 팀도 조직했다. 지금은 가와세 사장이 팀원들에게 1:1로 PMF에 대한 지식을 전수해주면서, 함께 새로운 시장을 개척하는 중이라고 한다.

> (PMF 달성은) 늘 어려운 일이지만, 포토신스가 가장 중요하게 생각하는 수단을 꼽자면 역시 '영업'입니다. PMF 달성에 실패하는 사례들을 보면, 영업을 끝까지 해보지 않은 단계에서 제품을 바꾸는 바람에 제품과 시장이라는 2가지 변수를 만들어버리는 경우가 많습니다. 그러니 처음에는 되도록 제품은 그대로 두고, 다양한 업계를 대상으로 영업하면서 고객의 의견을 들어봐야 합니다. 저희도 초창기에 100군데 회사의 의견을 들었습니다. 그 과정에서 어떤 징후가 보이기 시작하면, 그때 제품을 업데이트하면 됩니다. 우

선은 최선을 다해서 성실하게 영업해봐야 합니다. PMF를 달성할 수 있을지 없을지는 그 노력에 따라서 크게 달라질 겁니다.

포토신스의 PMF 달성 과정을 정리하면 다음과 같다.

포토신스의 PMF 달성 과정

✓ 일반 소비자용 '스마트 도어록'으로 주목을 받았다.

✓ 출시 후 3개월 만에 이용률이 떨어지고 있다는 사실을 깨달았다.

✓ 초기 고객사 100곳을 선정해 의견을 듣고, PMF 달성을 위한 가설을 세웠다.

✓ 인지도를 높여가는 과정에서 '출입 관리 시스템' 카테고리를 발견해, CVR을 큰 폭으로 끌어올렸다.

✓ 대체품이 없다는 사실과 제품이 가진 부가가치를 고려해 요금을 검토했다.

(https://sairu.co.jp/method/5720)

누구에게 무엇을 팔지 철저하게 분석한 '노바셀'

열한 번째로 소개할 기업은 디지털화로 다양한 업계에서 기존 시스템을 바꾼 온라인 인쇄 서비스 기업 라쿠스루Raksul의 자회사 노바셀Novasell이다. 이들이 운영하는 광고 플랫폼 '노바셀Novasell'은 비효율적이었던 텔레비전 광고 분야에 뛰어들어, 독자적으로 개발한 '운용형 텔레비전 광고 서비스'를 제공하며 빠르게 성장 중이다. 지금부터 다베 마사키 대표이사 사장이 말하는 노바셀의 PMF 달성 과정을 들어보자.

텔레비전 광고 산업에 혁신을 몰고 와 3년 만에 매출 67억 엔 달성

노바셀은 텔레비전 광고 같은 영상 광고 분야에서 기획, 제작, 방영, 분석에 이르는 일관된 통합 서비스를 제공하는 B2B 광고 플랫폼 기업이다. 첨단 기술을 활용해서 지금까지 명확하게 확인할 수 없었던 광고 효과를 가시화하고, 성공 전략의 재현 가능성을 높여서 고객사의 실적 향상을 돕는 서비스를 제공한다.

노바셀이 제공하는 서비스의 바탕에는 '시스템을 바꾸면 더 좋은 세상을 만들 수 있다'라는 모기업 라쿠스루의 비전이 자리 잡고 있다. 라쿠스루는 첨단 기술을 도입해, 일부 기업의 과점으로 인해 디지털화가 늦어졌던 인쇄와 물류 업계의 시스템을 완전히 뒤집은 기업이다. 모기업의 비전에 따라 노바셀도 과점 상태가 심각했던 광고 업계에 주목했다.

그중에서도 특히 텔레비전 광고에 주력한 이유는 라쿠스루 자체가 텔레비전 광고 덕분에 급성장을 이루었기 때문이었다. 마케팅에 텔레비전 광고를 활용한 라쿠스루는 독자적인 방법으로 효과를 가시화하여 검증을 반복하는 방식으로, 6년 만에 매출을 30배로 끌어올리고 CPA전환당 비용를 반으로 낮췄다.

이런 라쿠스루의 실적이 다베 사장 주변에 큰 반향을 불러일으켰고, 그에게 텔레비전 광고 활용에 관해 상담받고 싶다는 요청이 쏟아졌다. 이를 계기로 당시의 노하우를 살려 컨설팅부터 시작하는 '운용형 텔레비전 광고 서비스'를 사업화하게 됐다. 현재는 독자적으로 개발한 텔레비전 광고 효과 측정 툴인 '노바셀 애널리틱스Novasell Analytics'도 출시해 고객사의 성장을 확실하게 뒷받침하고 있다.

노바셀은 2018년 5월에 서비스 제공을 시작한 이후 3년 만에 매출

67억 엔을 달성했다. 초기에는 주 고객층을 스타트업으로 설정했지만, 서서히 대기업과 상장 기업까지 범위가 확대되어, 현재는 약 300개 기업이 노바셀의 서비스를 이용하고 있다. 고객의 평가가 좋아서 재이용률도 높다고 한다.

PMF를 달성하려면 '성공 방정식'을 세워라

다베 사장은 PMF를 '모델이 완성된 상태'라고 정의했다. 쉽게 말해 제품 홍보를 위한 프로모션에 얼마의 예산을 투입하면 어느 정도의 효과를 얻을 수 있는지를 계산할 수 있는 방정식이 있어야 한다는 의미다. 이런 방정식이 있으면, 예산을 투입할수록 실적이 올라가는 상황을 만들 수 있다.

> 방정식이 없고, 한 사람의 영업력에 매달리거나 상황을 보여주는 여러 수치가 계속 변한다면, PMF를 달성하지 못했다고 봐야 합니다.

하지만 일단 PMF의 전 단계로, 콘셉트가 시장에 적합한지부터 검증해야 한다. 다베 사장은 시장이 제품 콘셉트를 받아들일 수 있을지 검증하는 과정이 무엇보다 중요하다고 강조한다.

노바셀은 2018년 5월에 최저 50만 엔으로 텔레비전 광고를 제작해서 내보낼 수 있는 서비스를 출시했다. 당시에는 다베 사장이 컨설팅을 해주는 단계부터 시작해서, 콘셉트에 대한 고객의 반응을 살폈다.

그다음 콘셉트를 제품에 반영하는 단계에서는 우선 무료로 서비스를 제공했다. 무료로 여러 회사에 서비스를 제공하고 피드백을 받아 개선하면서, 돈을 내고 사용할 만한 가치가 있는 제품으로 내실을 다져갔다.

> 피드백을 받으면서 고객의 업무에 없어서는 안 될 서비스로 발전시키면, 당연히 돈을 내고 사용하게 됩니다. 고객이 유료로 이용하지 않는다면, 아직 제공하는 가치가 부족하다는 말이죠.

노바셀은 이렇게 피드백을 받아 개선을 거듭하면서 승승장구해나가고 있다.

시장이 원하는 콘셉트를 찾아라

앞에서도 말했듯이 PMF를 달성하려면 먼저 '제품 콘셉트와 시장의 적합성'부터 검증해야 한다. 노바셀은 텔레비전 광고가 특정 인재의 능력에 의존해야 해서 비효율적이기는 하지만, 제대로 활용하면 분명 효과를 볼 수 있는 수단이라고 확신했다. 그래서 광고 기획부터 제작, 방송, 분석까지 모든 과정을 효율화해서, 성공 전략의 재현성을 높이는 서비스를 제공한다는 콘셉트를 내걸었다.

다베 사장은 훌륭한 콘셉트를 도출할 수 있었던 비결로 '사업 책임자가 영업활동을 통해 고객의 1차 정보를 직접 수집했던 점'을 꼽았다. 고객을 직접 만나면, 그들이 어떤 상품을 원하는지에 관한 힌트를 얻을 수 있다는 것이다.

좋은 콘셉트를 발굴하면, 다음에는 그 콘셉트가 시장에서 받아들여질지 검증한다. 다베 사장은 검증을 위해 직접 영업과 컨설팅 활동에 나섰다.

혼자서 1년 동안 500건의 영업 미팅을 진행했습니다. 콘셉트가 시장에 적합한지는 제품 없이 영업해도 검증할 수 있습니다. 저희는 이 단계에서 이미 수억 엔의 매출을 올렸습니다. 하지만 저 혼자서 매출을 올리는 구조로는 사업을 확장할 수 없으니, 어떻게 하면 조직 차원에서 제공하는 서비스로 만들 수 있을지 고민했죠.

콘셉트를 제품으로 만드는 'Who'와 'What'

시장이 원하는 콘셉트인지를 검증했다면, 다음은 해당 콘셉트를 제품에 적용하는 단계에 들어간다. 이때 핵심은 'Who누구'에게 'What무엇'을 팔지 명확히 정의하는 일이다.

노바셀은 자신들의 강점을 살려 '텔레비전 광고로 성공할 수 있는 비결(What)'을 제공하기로 했다. 그리고 누가 해당 서비스를 원할지 고민한 결과 '텔레비전 광고를 처음 제작·배포하는 고객(Who)'을 목표로 잡았다. 구체적으로 말하자면 스타트업이었다. 다베 사장은 트위터(현 엑스X)로 정보를 알리거나 스타트업 대상 이벤트에 참가하면서, 서비스에 대한 적극적인 홍보에 나섰다.

텔레비전 광고는 일반적으로 대기업이 늘 거래하던 대형 광고 대행사와 함께 제작합니다. 사실 '처음으로 텔레비전 광고를 하는 기업'은 시장 규모가 작아서 그다지 매력적이지 않죠. 하지만 반대로 생각하면, 그래서 우리에게도 기회가 주어질 수 있고 노바셀의 강점도 살릴 수 있는 시장이었습니다. 먼저 이 시장에서 관심을 끌지 못하면, 확장하는 일은 어림도 없다고 생각했죠. 일단은 TAMTotal Addressable Market, 확보할 수 있는 시장의 최대 규모이 작아도 상관없으니, 그 시장에서 압도적인 위치를 차지하는 것을 목표로 삼았습니다.

제품 개선과 조직 확장

'큰 가치를 지녔지만 진행에 시간이 걸리는 일은 우선 인력 중심으로 진행하고, 해당 과정을 기술로 재현한다.' 이것이 B2B 상품에 대한 라쿠스루의 기본 방침이다. 모회사의 방침에 따라, 노바셀도 텔레비전 광고를 제작할 때 시간이 걸리는 부분인 기획과 분석 업무를 시스템화했다.

또한 고객이 계속해서 제품을 이용하도록, '기업의 의사결정 과정에서 사용되는지'와 '고객사가 일상적인 업무에서 사용하는지'를 중시하여, 고객사의 서비스 사용 빈도와 사용 상황을 확인하면서 제품을 개선해나갔다.

다만 그렇게 개선한 제품을 시장에 알리는 과정에서는 '조직 확장'이 걸림돌이 되기도 했다. 다베 사장의 말에 따르면, 이때도 해결의 실마리는 '고객의 1차 정보'에 있었다고 한다.

> 조직을 확장할 때 업무를 너무 세세하게 나누면, 고객과 접촉하는 사람이 적어져서 점차 고객에 대한 해상도가 낮아질 수 있습니다. 따라서 조직 차원에서 '고객의 1차 정보를 확인하는 일' 즉 '고객에 대한 높은 해상도를 유지하는 일'이 가장 중요합니다.

다베 사장은 지금도 직접 영업을 뛴다. 또한 자신 외에 다른 직원들도 고객의 1차 정보를 직접 접할 수 있는 체계를 마련하고 있다고 한다.

'Who'와 'What'을 바꿔서 2차 PMF 달성

노바셀은 스타트업 시장에서 1차 PMF를 달성했지만, 해당 시장을 장악하고 나니 사업 성장의 기회가 급격히 줄어들었다. 여러 번, 자주, 연속해서 텔레비전 광고를 제작하는 스타트업은 많지 않기 때문이다.

이 시점에서 노바셀은 'Who'와 'What'을 다시 정의했다. 노바셀이 설정한 두 번째 'Who'는 '2차 텔레비전 광고를 준비하는 기업'이었다. 이번에는 스타트업뿐만 아니라, 첫 텔레비전 광고에 실패한 모든 기업을 대상으로 영업에 나섰다.

> 'Who'와 'What'은 계속 바뀌어야 합니다. 이를 능동적으로 바꾸는 것, 또 그 타이밍을 놓치지 않는 것이 중요합니다.

이 과정에서 첫 텔레비전 광고에 실패한 기업이 왜 실패했는지를 제대로 파악하지 못하고 있다는 사실을 알게 됐다. 근본적인 원인은 첫 텔레비전 광고를 분석하지 않았으며, 따라서 그 효과도 측정하지 못했던 것이다. 이런 문제를 파악한 노바셀은 2020년 4월에 클라우드형 텔레비전 광고 효과 측정 툴 '노바셀 애널리틱스'를 출시했다.

'노바셀 애널리틱스'는 자사만이 아니라 경쟁사의 텔레비전 광고까지 분석할 수 있어서, 자사가 텔레비전 광고를 하는 기간이 아니더라도 활용도가 높은 편이다. 또한 기업의 광고 효과를 높여주는 효과뿐만 아니라, 데이터를 모으고 분석하는 번거로운 작업의 효율을 높여준다는 점에서도 좋은 평가를 받아, 사용자가 계속 늘어나고 있다.

마케팅의 민주화

이처럼 노바셀은 텔레비전 광고 사업을 키워가는 한편, 여기에 그치지 않고 마케팅 지원에도 나섰다. 노바셀이 내건 기업 이념인 '마케팅의 민주화'에 따른 행보이기도 했지만, 여기에 더해 텔레비전 광고를 하는 기업이 애당초 많지 않기 때문에 다른 고객층으로 'Who'를 넓히려는 목적도 있었다.

그래서 2022년 4월에는 누구나 쉽게 조사 계획과 마케팅 가설을 세울 수 있는 새로운 서비스 '노비시로Nobishiro'를 출시했다. '노비시로'는 총 1,900만 명에 이르는 모니터링 인력을 보유한 '모니타스Monitas'와 제휴를 맺어, 빠르면 20분 안에 고객 100명의 의견을 모아 경영 판단에 활용할 수 있는 초고속 정량 조사 서비스다. '노비시로'는 리서치 회사를 포함한 여러 기업이 얽혀 있어 감춰진 부분이 많았던 마케팅 활동에서 기업과 고객의 거리를 좁히는 데 일조하고 있다.

> 'Who'와 'What'을 바꿔가면서, 조금씩 TAM을 넓혀가야 합니다. 우선은 'What=자사의 강점'을 명확하게 정의하고, 그 강점으로 가장 잘 파고들 수 있는 고객층이 어디인지를 생각해보면 타깃이 될 'Who'가 보일 겁니다.

다베 사장은 PMF는 결과론이기 때문에, 무엇보다 중요한 건 개선을 거듭하는 일이라고 강조했다.

> 고객의 선택을 받을 수 있는 뛰어난 점을 찾아냈다면, 제품이 시장에 적합하다는 말입니다. 하지만 그런 포인트를 단번에 찾아내기는 어렵습니다. 때로는 여러 가지가 쌓이고 쌓인 끝에 만들어지기

도 하죠. PMF 달성은 누구를 대상으로 삼는지, 그들에게 선택받는 이유를 무엇으로 설정하는지에 달렸다고 생각합니다.

노바셀의 PMF 달성 과정을 정리하면 다음과 같다.

> **노바셀의 PMF 달성 과정**
> ✓ 당사자로서 직접 느낀 문제에서 서비스의 아이디어를 떠올렸다.
> ✓ 자사에서 실적을 올려 효과를 증명하자, 광고 관련 문의가 쏟아졌다.
> ✓ 1년에 500건의 영업 미팅을 진행하면서 콘셉트를 검증했다.
> ✓ 'Who'와 'What'을 명확하게 정의하고서, 제품을 구체화했다.
> ✓ 고객의 1차 정보를 직접 접해야 한다는 생각을 바탕으로 조직을 확장했다.

(https://sairu.co.jp/method/5743)

핵심 가치를 정의하고 집중해서 성공을 거머쥔 '폰데스크'

열두 번째로 소개할 사례는 도쿄증권거래소의 그로스 시장에 상장한 기업 울루루Uluru의 전화 응대 대행 서비스 '폰데스크fondesk'의 성공 스토리다. 2019년에 출시된 '폰데스크'는 첨단 기술로 지난 40년간 존재해왔던 '전화 응대 대행업' 영역에 혁신을 불러일으켰다. 서비스 출시 후 3년 만에 3,300곳이 넘는 고객사를 확보한 '폰데스크'는 성장 과정에서 어떤 일들이 겪었을까? 와키무라 슌타 집행임원의 이야기를 들어보자.

클라우드 워커를 이용한 인터넷 '전화 응대 대행' 서비스

'폰데스크'는 사무실로 걸려 오는 전화를 오퍼레이터가 대신 받아서, 이메일 또는 슬랙Slack이나 챗워크Chatwork와 같은 메신저로 전달해 주는 서비스다. 전화 응대 대행 서비스 자체는 예전부터 있었지만, '폰데스크'는 일본 최초로 인터넷을 통해 해당 서비스를 제공했다.

'폰데스크'는 울루루의 비전인 '노동력 부족 문제를 해결해서, 사람과 기업을 더욱 풍요롭게 한다'를 바탕으로 개발된 서비스다. 울루루는 '폰데스크' 외에도, 관공서와 지자체의 입찰 정보를 알려주는 서비스 'NJSS', 어린이집이나 유치원에서 찍은 사진을 판매하는 시스템 '엔포토en-photo'를 비롯해, 클라우드 워커Cloud Worker, 모바일 연계 서비스를 활용해 시간과 장소에 구애받지 않고 업무를 보는 인력를 활용한 독자적인 서비스형 소프트웨어SaaS 사업을 다수 운영하고 있다.

SaaS 사업에서는 괜찮은 사람을 찾기 어렵고, 사람을 찾아도 업무를 효율적으로 처리하지 못하는 문제가 발생하기 쉽다. 그래서 울루루는 전화 응대 대행, 입찰 정보 수집, 사진 판매 같은 업무를 각각 분리해서, 클라우드 워커의 힘을 최대한 활용하고 있다.

울루루는 그동안 데이터 변환 업무 같은 위탁 사업을 통해 얻은 노하우와, 클라우드 워커와 기업을 이어주는 클라우드 소싱Cloud Sourcing 사업으로 확보한 인적 자산이라는, 2가지 강점을 살려 사업을 추진해왔다.

'폰데스크'도 챗워크와 공동으로 추진하는 위탁 사업으로 시작해서, 현재와 같은 인터넷 서비스형 사업으로 발전시켰다. 그 과정에서 예상치 못했던 환경 변화의 영향을 받기도 했다. 2020년 4월 이후 코로나19 확산으로 원격 근무에 대한 수요가 폭발적으로 증가했고,

이런 상황에 맞물려 '폰데스크'는 2020년부터 2022년 3분기까지 2년간 연평균 매출 증가율 177%를 기록했다. 2019년 2월에 서비스를 출시하고 3년이 지난 2022년 3월 말 시점에, 서비스를 도입한 회사의 수가 3,315개에 달했다.

챗워크와의 공동 사업으로 서비스의 가치 발견

'폰데스크'는 전화 응대 대행이 아니라, 기업이 고객을 확보하기 위해 하는 아웃바운드Outbound, 전화를 걸어 미팅 약속을 잡는 일 업무를 담당하는 서비스로 시작했다. 지금까지 축적해온 인적 자산인 클라우드 워커를 활용해서 시작한 서비스로, 어느 회사에나 존재할 영업활동에 대한 니즈에 대응해 매월 수백만 엔 규모의 매출을 올렸다.

또한 비슷한 시기에 챗워크와 손을 잡고, 챗워크 사용자를 대상으로 한 전화 연결 대행 서비스도 시작했다. 아웃바운드 업무에서 활약하는 클라우드 워커들을 인바운드Inbound, 전화 응대 업무에도 활용할 수 있겠다고 생각한 것이다.

하지만 인바운드와 아웃바운드 업무를 둘 다 진행하다보니, 클라우드 워커가 아웃바운드 업무에 큰 부담을 느껴 일을 오래 하지 못한다는 사실을 알게 됐다. 기업의 의뢰 또한 대부분 일회성이라 계속해서 서비스를 이용하는 곳도 드물었다.

반면 인바운드 업무를 의뢰한 기업은 대부분 계속해서 서비스를 이용했고, 실적도 매월 순조롭게 증가했다.

> 고객이 계속 이용하니까 저희도 만족을 드릴 수 있고, 클라우드 워커도 일을 오래 할 수 있었습니다. 저희가 가치를 제대로 발휘할

수 있는 분야는 인바운드 업무였던 거죠.

이때부터 울루루는 아웃바운드 업무에서 손을 떼고, 인바운드 위탁 사업에 전념했다. 챗워크 무료 사용자용 광고를 이용해 적극적으로 홍보 활동을 하면서 사용자를 확보해나갔다.

고객 증가에 따라 늘어나는 사고를 첨단 기술로 해결

공동 사업을 추진하던 중에 문제가 됐던 부분은 '오퍼레이터 교육'이었다. 오퍼레이터가 컴퓨터 화면에 여러 개의 채팅 창을 띄워놓고 작업을 해야 했기 때문에, 받은 전화의 내용을 다른 회사 담당자에게 잘못 전송하거나, 전화한 사람의 회사명이나 이름을 잘못 적는 실수가 발생했다. 필연적으로 고객이 늘어날수록 사고 발생 빈도도 높아졌다.

> 그래서 알기 쉬운 전화 응대 양식을 만들고, 챗워크의 API를 사용하여 한 화면 안에서 전달 업무까지 할 수 있는 시스템을 개발해서 오퍼레이터에게 제공했더니, 사고 건수가 크게 줄었습니다.

그래도 여전히 스마트폰 화면에서 시스템으로 옮겨 쓸 때는 실수가 발생했기 때문에 사고를 완벽하게 막을 수는 없었지만, 첨단 기술을 사용해 문제를 차근차근 해결해나갔다.

'맞춤 플랜'을 없애고, 핵심 서비스 개선에 집중

울루루는 그 후로도 오퍼레이션 사고를 완전히 없애기 위해 계속 노력했다. 그중 하나가 서비스 내용의 재검토였다.

> 당시 '맞춤 플랜'이라는 상품을 월 4만 엔에 팔았습니다. 기업별로 전화 응대 매뉴얼을 만들어, 오퍼레이터에게 교육했죠. 하지만 오퍼레이터들은 난이도가 높은 '맞춤 플랜' 전화를 꺼렸습니다. '맞춤 플랜'은 오퍼레이터 교육 비용도 많이 들고, 기억해야 할 내용도 매일 늘어나는 상품이었습니다.

게다가 고객의 이용 데이터를 분석해보니, 실제로 '맞춤 플랜'을 원하는 고객도 그리 많지 않았다. 그래서 울루루는 복잡한 업무와 오퍼레이터의 부담을 고려해 '맞춤 플랜을 폐지하기'로 했다.

> 맞춤 플랜을 없애면서 좋은 점이 3가지나 생겼습니다. 첫째로 업무 품질이 전체적으로 좋아졌습니다. 기억해야 하는 내용이 평균적인 수준으로 줄었기 때문에 실수 발생률도 많이 줄었죠. 둘째로 오퍼레이터로 채용할 수 있는 인재의 폭이 넓어져서, 필요한 인력을 빨리 채울 수 있었습니다. 그리고 셋째로 고객의 기대치가 적절한 수준으로 조정되자, 불만이나 사고도 줄었죠. 물론 기대치가 높은 고객에게도 맞출 수 있으면 가장 좋겠지만, 높은 사람에게는 높게 낮은 사람에게는 낮게 대응하는 식으로는 안정적인 서비스를 만들기 어렵습니다.

울루루는 취사선택을 통해 '폰데스크'를 간편하면서도 품질은 좋은 서비스로 개선했고, 사업은 순풍에 돛단 듯 성장해갔다. 그 후 챗워크와 협의를 거쳐, 자체적인 서비스 개발에 나서기로 결단을 내렸다. 이때가 전화 응대 대행 서비스를 시작한 지 9개월이 지났을 무렵이었다.

고객의 40%를 직접 찾아가 이해도를 높이다

울루루의 자체 사업으로 다시 시작하게 된 '폰데스크'는 목표 고객을 ① IT 벤처기업, ② 변호사나 세무사 같은 전문직 사무실, ③ 광고 대행사와 앱 개발 업체로 정했다. ①에는 현장 직원의 전화 응대 시간을 줄여서, 본업에 집중하여 생산성을 높이도록 하고 싶다는 니즈가 있었다. 또한 ②와 ③에는 '사장'이나 '선생님' 앞으로 걸려 오는 전화가 대부분이지만, 정작 당사자는 바빠서 사무실에 없는 경우가 많았다. 이때 다른 업무로 바쁜 직원들이 대신 전화를 받느라 번거롭지 않도록, 전화 응대를 외부에 맡기고 싶어 했다.

고객들의 이런 사정은 챗워크와 공동 사업을 하면서 이미 파악하고 있었지만, 한편으로는 와키무라 집행임원이 직접 고객을 만나면서 깨달은 부분도 많았다고 한다.

> 계속 고객을 만나면서, '누가' '어떤 상황에서' 사용하는지 이해하려고 많이 노력했습니다. 최초 고객사 100군데 중에서 40군데 정도는 직접 찾아갔어요. '폰데스크'에 관한 트윗도 하나도 빼놓지 않고 확인하고, 전부 답글도 달았습니다.

무조건 인지도부터 높여라

마케팅 수단으로는 '전화 응대 대행 서비스'의 인지도 향상을 목표로, 서비스 출시 직후부터 기사형 광고를 적극적으로 이용했다.

> '대표 전화 응대는 아웃소싱해야 좋다'라는 말은 사실 저 자신도 그때까지 들어본 적이 없었습니다. 하지만 챗워크와 함께 일을 하면서, 시장에 니즈가 존재하지만 아직 모르고 있을 뿐이라는 사실을 깨달았죠. 그래서 '전화 응대 대행'이라는 아웃소싱 업무 자체의 인지도를 높여야 한다고 생각했습니다.

기사형 광고에는 1회당 100~200만 엔 정도의 비용이 들어간다. 초기 마케팅 활동에 들어가는 비용치고는 비싼 편이지만, 결과적으로 지금도 당시의 기사형 광고를 보고 서비스를 찾는 고객이 있으니 '오래도록 가치를 제공하는 자산'이 된 셈이다. 울루루는 그밖에도 14일간 무료로 체험할 수 있는 플랜을 제공하거나, 구글, 야후, 페이스북 같은 광고 매체를 통해 고객의 얼굴 사진이나 실명을 내건 사례 배너를 적극적으로 내보내기도 했다.

이와 같은 노력이 효과를 발휘하자, 신규 이용자가 서서히 늘어났다. 처음에는 신규 등록이 하나도 없었던 날도 있었지만, 반년 후에는 매일 3~5건 정도의 계약을 체결했다. 고객이 늘어날 때마다 팀원들은 신규 고객사의 사명을 손 글씨로 쓴 당월 계약 실적을 사무실 벽에 붙였다고 한다.

> 90% 이상의 고객은 영업 미팅도 진행하지 않았는데, 매일 신규 이용자가 늘었습니다. 깜짝 놀랄 만큼 대단한 회사가 신규 고객이 됐을 때는 '폰데스크'의 대단함에 스스로 감탄하기도 했죠. 사업이 한 단계 성장했다는 사실을 실감할 수 있었습니다.

수요가 폭증하자 오퍼레이터 확보 체계 정비

100개, 200개, 300개…… 고객사가 계속 늘어나면서 울루루 사내에도 '폰데스크'를 응원하는 분위기가 고조되어 갔다. 그러던 중 2020년에 신종 코로나19 바이러스가 퍼졌고, 이 사태가 뜻밖의 행운을 안겨주었다.

2019년에 서비스를 출시하고 2020년 3월까지 '폰데스크'를 도입한 회사는 총 340곳이었지만, 일본 정부가 긴급사태선언을 발령하고 난 뒤에는 4월에만 400개 회사가 새로 계약을 체결했다. 하루에 70개 회사가 동시에 이용하기 시작한 날도 있었다고 한다.

수요가 급증하면서 행복한 비명을 지르던 가운데, 처음으로 오퍼레이터가 부족한 상황이 벌어졌고, 그 여파로 한때 디지털 마케팅 활동을 멈춘 적도 있었다. 하지만 울루루의 클라우드 소싱 플랫폼 '슈프티shufti'로만 모집하던 인력을 광고비를 내고 다른 플랫폼을 통해서도 모집하자, 1달 만에 필요 인력을 모두 확보할 수 있었다. 이 일을 계기로 채용 전문 담당자가 꼼꼼한 기준에 맞춰 오퍼레이터를 뽑는 체계도 정비했다.

체계가 정비된 후에는, 다시 적극적으로 홍보 활동에 나섰다. 광고비를 늘리고, 광고에서 소개하는 사례의 내용도 사회 분위기 변화에 맞춰 적절하게 조정했다.

> 원래 '생산성 향상에는 폰데스크'였던 콘셉트를 '원격 근무에는 폰데스크'라는 문맥으로 바꿨습니다.

오퍼레이터 확보가 안정되고 원격 근무라는 새로운 수요가 발생하면서, 2022년 3월 기준으로 '폰데스크'의 연 매출은 울루루 전체 매출에서 11%를 차지할 정도로 증가했다. 울루루의 주력 사업 중 하나로 확실하게 자리매김한 것이다.

변하지 않아서 계속 사용할 수 있는 서비스

하지만 와키무라 집행임원의 머릿속에는 곧 새로운 고민이 자리 잡았다. '코로나19로 인한 특수가 끝나면 그다음은 어쩌지?' 와키무라 집행임원은 고민 끝에, 현재 주요 고객이 몰려 있는 도쿄와 IT 업계 외에 다른 세그먼트로 시장을 확대해야 한다는 결론에 도달했다.

> 도쿄와 IT 업계에 비하면 상대적으로 실적은 적지만, 다른 세그먼트에서도 실적이 전혀 없지는 않았습니다. 회사별로 자사의 서비스를 이용하는 이유를 자세하게 파악해서 판매 채널을 늘리는 방식으로, 확실한 판매 체계를 구축해나갈 생각입니다.

와키무라 집행임원은 지금까지 '폰데스크'가 걸어온 길을 돌이켜보면서, PMF를 달성했던 순간으로 '신규 가입자가 매일 증가했을 때'를 꼽았다. 그는 PMF를 달성하려면 '고객 대부분이 느끼는 긴급성이 높은 문제'를 깊게 이해하는 일이 가장 중요하다고 강조했다. 또한 여기서 '대부분'이라는 점도 중요하다고 언급하며, 성공의 비결은 서비스가 틈새 상품으로 전락하지 않도록 하는 데 있다고 말했다.

> 거의 모든 회사가 전화를 받습니다. 전화 연결 프로세스나 전달하는 메모에 적는 내용도 거의 비슷합니다. 어느 한 부분을 과도하게 부풀리거나 지나치게 신경을 쓰면, 특정 고객에게는 귀찮고 번거로운 일이 될 수도 있습니다.

어떻게 하면 기본적인 SLA Service Level Agreement, 서비스 수준 협약보다는 한 단계 높은 수준을 제공하면서도 간편함을 유지할 수 있을지, 모두가 사용하는 편리한 서비스가 될지를 고민해야 합니다. '폰데스크'도 지난 3년간 고객을 위한 주요 기능은 몇 가지밖에 늘지 않았습니다. 고객의 관점에서 볼 때, 서비스의 본질은 그대로인 거죠. 크게 변하지 않아서 몇 년이고 계속해서 사용할 수 있는 서비스, 의외로 그런 부분이 중요할 수도 있습니다.

'폰데스크'의 PMF 달성 과정을 정리하면 다음과 같다.

폰데스크의 PMF 달성 과정

- ✓ 전화로 영업 미팅 약속을 잡는 업무(아웃바운드)로 사업을 시작했다.
- ✓ 챗워크와 손잡고 전화 응대 대행(인바운드) 사업을 시작했다.
- ✓ 근로자의 만족도, 기업의 지속 이용률, 실적을 고려해 전화 응대 대행 업무에 집중하기로 했다.
- ✓ 첨단 기술을 활용해 효율적으로 오퍼레이터를 교육했고, '맞춤 플랜'을 폐지해 핵심 가치 개선에 집중했다.

(https://sairu.co.jp/method/5751)

매월 체결한 수십 건의 계약이 몽땅 해지 요청으로 돌아왔던 '베이직'

열세 번째로 소개할 기업은 통합형 B2B 마케팅 툴 '페럿 원 Ferret One'을 제공하는 서비스형 소프트웨어 SaaS 기업 베이직 Basic이다. 지금까지 1,000곳이 넘는 기업이 도입했고 현재도 계속 성장 중인 서비스이지만, 사실 베이직도 '페럿 원'을 개발했을 초기에는 엄청나게 쏟아지는 해지 요청 때문에 힘들었던 시기가 있었다. 베이직은 당시의 위기를 어떻게 극복했을까? 하야시 히로마사 COO가 말하는 베이직의 PMF 달성 과정을 들어보자.

통합형 B2B 마케팅 서비스

'페럿 원'은 B2B 마케팅에 필요한 기능을 한곳에 모아놓은 통합형 All-in-One 서비스다. 프로그래밍 작업 없이 웹사이트를 만들 수 있는 콘텐츠 관리 시스템CMS, Content Management System, 잠재고객과 소통하고 고객을 확보하도록 지원하는 마케팅 자동화MA, Marketing Automation 등의 기능이 탑재되어 있다. 여기에 더해 그동안 베이직이 쌓아온 노하우까지 함께 제공한다.

덕분에 '페럿 원'을 이용하면 여러 툴을 사용해야 처리할 수 있던 업무를 하나의 툴로 끝낼 수 있다. 베이직은 '인터넷 마케팅의 대중화'라는 이념 아래, '페럿 원'을 활용하면 B2B 마케팅 체계를 갖추지 못한 기업도 성과를 낼 수 있다는 세계관의 실현을 목표로 해당 서비스를 개발했다.

지금까지 총 1,000곳에 달하는 기업이 '페럿 원'을 도입했다. 고객사 중에는 웹사이트 업데이트를 외부 기업에 의뢰하다보니 1번 업데이트하는 데 1~2개월씩 걸리다가 CMS 기능을 활용하면서 1달에 200번이나 할 수 있게 된 사례도 있고, 랜딩 페이지 최적화로 구매 전환율을 몇 배나 끌어올린 사례도 있다.

또한 기존의 MA 툴은 수준 높은 전략을 추진할 수 있기는 하지만,

정작 도입하고도 제대로 활용하지 못하는 기업이 많았다. 하지만 '페럿 원'은 버튼 하나로 중점 잠재고객을 설정하거나, 스텝 메일Step Mail, 고객에서 미리 설정한 순서대로 메일을 자동 송신하는 기능으로, '이메일 시퀀스'라고도 한다 마케팅 기법을 설계할 수 있어서 사용하기 편하다는 의견이 많다.

그렇지만 '페럿 원'이 2015년 출시 직후부터 바로 궤도에 올랐던 것은 아니다. 지금은 여러 기업에서 장기적으로 사용하는 서비스로 자리 잡았지만, 출시하고 2년 정도는 하야시 COO가 "해지 요청이 어마어마하게 쏟아졌다"라고 말할 만큼 고전하며 시행착오를 겪었다.

계기는 직접 체감한 마케팅 문제

베이직은 2004년 설립 이후로 지금까지 50개가 넘는 사업에 도전했다. 그중에서도 창업 초기부터 운영한 '비교 사이트' 사업은 2020년 12월에 SaaS 분야에 주력하기 위해 타사에 양도하기 전까지 베이직의 성장을 지탱해왔던 중심 사업이었다.

사실 '페럿 원'도 여러 비교 사이트를 운영하면서 직접 체감한 문제를 해결하고자 고안한 대책이 시작이었다고 한다.

> 인터넷 마케팅에 주력하다 보니 필연적으로 여러 가지 툴을 사용해야 했고, 각각의 서비스를 왔다 갔다 할 수밖에 없었습니다. 필요한 기능이 각각의 툴로 나누어져 있는 불편함을 개선하고 싶었죠. 그래서 기능들을 통합해서 '툴 하나로 기본적인 인터넷 마케팅을 할 수 있는 서비스'를 개발하게 됐습니다. 그것이 '페럿 원'이었죠.

직접 체감한 문제가 계기가 되기는 했지만, 인터넷 마케팅에 주력하는 주변 회사들의 의견을 들어봐도, 여러 가지 툴을 동시에 사용해야 하는 번거로움을 모두 불편하게 생각하고 있었다.

그렇기에 이것이 베이직만이 아니라 모든 기업이 가진 공통의 문제라는 생각이 들었고, 이때부터 '페럿 원' 개발 프로젝트가 본격적으로 시작됐다.

다만 하야시 COO의 말에 따르면, 이때부터가 힘든 여정의 시작이었다고 한다. '페럿 원'의 초기 구상은 여러 툴이 담당하던 기능을 하나의 툴에 넣어 폭넓은 수요에 대응하는 통합형 서비스였다. 제품의 비전 자체가 거창했던 만큼 필요한 기능도 많았기 때문에, 관련 기업들의 의견을 들어가면서 차근차근 개발을 진행했다.

특히 당시에는 시장의 관심이 콘텐츠 마케팅에 쏠려 있었다. 그래서 베이직은 앞으로 콘텐츠 마케팅을 활용하고자 하는 기업을 초기 목표 고객으로 정했다.

'페럿 원'은 CMS를 이용해서 쉽게 인터넷 사이트를 개설할 수 있고, 여기서 확보한 잠재 수요를 구매로 이어준다. 베이직은 이런 특징을 무기로 내세워, B2B만이 아니라 B2C를 포함한 다양한 기업을 공략해나갔다.

순조로운 판매 확대 뒤에 몰려온 엄청난 해지 요청

'초기 판매 확대'라는 관점에서 보면, '페럿 원'의 시작은 순조로웠다. 콘텐츠 마케팅에 대한 니즈가 커졌던 시장의 트렌드와 맞물렸고, 마케팅을 체계적으로 배울 수 있는 미디어 '페럿ferret'을 통해서 잠재 고객도 어느 정도 확보된 상태였기 때문에, 큰 비용을 들이지 않고 고객을 확보할 수 있었다.

하지만 1년 후, '페럿 원' 운영팀은 예상치 못한 상황에 직면했다. 연간 해지율 70%라는 그야말로 끔찍한 상황이 벌어진 것이다.

왜 이런 일이 벌어졌을까? 하야시 COO는 제품 개발을 시작했던 초기에 의견 청취를 했던 고객층과, 실제로 '페럿 원'을 구매한 고객층 사이에 차이가 있었던 점을 가장 큰 실패 요인으로 꼽았다.

원래 '페럿 원'은 베이직을 포함해 이미 마케팅에 주력하던 기업들의 의견을 참고해서 개발을 진행했다. 하지만 적극적으로 영업했던 대상은 우선 콘텐츠 마케팅부터 시작해보려는 기업이었고, 그중에는 마케팅에 대한 지식이 충분하지 않은 기업도 많았다.

> 일반 소비자 대상 서비스를 운영하면서 수준 높은 마케팅을 해오던 사람의 관점에서 보면, '페럿 원'은 여러 기능이 탑재되어 있기는 하지만 각각의 기능이 부족했습니다. 반면 콘텐츠 마케팅에 처음 도전하는 사람들은 대부분 툴을 사용하기 전 단계의 문제인 '기사를 어떻게 쓰면 되는지', '기사 주제는 어떻게 선정해야 하는지'부터 어려워했죠. 이 문제를 해결하지 못하면 결국 콘텐츠 마케팅 자체를 진행할 수 없기 때문에, 툴을 사용할 일도 없었습니다. 이런 구조였으니, 1년 후에는 양쪽 고객이 모두 서비스를 해지해버리는 상황이 벌어질 수밖에 없었던 거죠.

PMF 달성에 시간이 걸린 2가지 이유

하야시 COO는 '페럿 원'이 PMF를 달성하기까지 상당한 시간이 걸린 이유에 대해서, 앞에서 언급한 요인에 더해 2가지를 더 꼽았다.

하나는 고객이 서비스를 해지하기까지 소요된 시간이다. 당시 '페럿 원'은 연간 계약 방식을 채택하고 있었기 때문에, 판매하고 1년이 지난 후에야 해지할 수 있었다. 해지하기까지 걸리는 시간이 길면, 그만큼 PMF에 대한 검토가 늦어질 수밖에 없다. 물론 서비스의 특성에 따라서 최적의 형태는 달라지겠지만, 하야시 COO는 '(PMF 달성이라는 관점에서 봤을 때) 고객이 해지할 거라는 사실을 1년 후에나 알 수 있다면 너무 늦다'고 생각했다.

다른 하나는 초기에 판매 확대가 순조로웠던 점이다. 실제로 '페럿 원'은 출시하고 한동안 매월 약 30곳의 회사와 새로 계약을 체결했고, MRR월간 반복 수익도 증가세를 보였다.

> 1년 뒤에 해지가 쏟아졌지만, 전체적으로 보면 MRR은 증가했고 기능도 개선됐습니다. 개선된 부분에 대한 반응도 좋았기 때문에, 이대로 꾸준히 기능을 개선하면서 사업을 성장시키면 된다고 생각했죠. 제품에 대한 냉정한 피드백도 받았습니다만, 지금 되돌아보면 당시에는 있는 그대로 받아들이지 못했습니다. '(제품 자체보다는) 고객 성공 지원 체계를 강화하면 되지 않을까', '제품의 장점이 제대로 전해지지 않았을 뿐이다', 이런 쪽으로만 생각이 치우쳤던 것 같습니다.

2년이 지난 뒤에도 떨어지지 않는 해지율을 보고 변경한 방향성

하지만 시간이 지나도 해지율이 떨어지지 않자, 팀 분위기도 서서히 달라지기 시작했다.

판매를 확대하고 2년이 지났는데도 해지율이 생각만큼 떨어지지 않는 걸 보고, 그제야 새는 부분을 지금 제대로 막지 않으면 앞으로 신규 고객을 확보해도 기대만큼 성장하기 어렵다는 사실을 깨달았습니다. 무엇이 문제인지 다시 논의한 결과, 애당초 고객이 제품의 활용법을 제대로 이해하지 못하고 인터넷 마케팅에 관한 체계가 전혀 잡히지 않은 상태에서는 (툴을 제공해도) 소용이 없다는 사실을 정리할 수 있었습니다.

또한 마케팅 체계가 어느 정도 잡혀 있는 B2B 고객사는 다른 세그먼트에 비해 상대적으로 (해지율이) 나쁘지 않다는 사실도 알았습니다. 원래도 전방위적으로 모든 고객을 타깃으로 삼을 생각은 아니었지만, 대상을 명확하게 좁히지 못했던 부분이 있었습니다. 그 사실을 깨달은 후에는 B2B 마케팅을 추진하려는 고객사에 초점을 맞춰 서비스를 강화하기로 했죠.

베이직은 월 최저 이용 요금을 5만 엔에서 10만 엔으로 올리고, 단순히 툴만이 아니라 사이트 제작이나 마케팅 활동까지 지원하는 형태로 서비스를 바꾸었다.

서비스를 설명하는 태그라인Tagline도 핵심 고객층이 이미지를 확실하게 그릴 수 있도록 'B2B 마케팅에는 페럿 원'으로 변경하고, 영업 방식도 재정비했다.

원래는 1시간 정도의 영업 미팅이면 55분을 프레젠테이션과 기능 설명에 썼습니다. 하지만 서비스의 목표가 명확해지고 이용료도 올리게 되면서, 첫 미팅에서는 50분을 고객 의견을 듣는 일에 할당하기로 했죠. 베이직의 서비스에 적합한 고객인지를 정확하게 확인한 후에, 다음 영업 미팅에서 상대에게 맞는 제안을 하는 방식으로 바꿨습니다.

고통을 겪으면서 다가간 PMF

영업 방식을 바꾸자 단기적으로는 수주 건수가 월 수십 건에서 1~2건까지 떨어지기도 했다. 불안하고 혼란스럽기도 했지만, PMF를 달성할 가능성이 있는 고객층에 초점을 맞춰야만 미래를 기대할 수 있다는 생각으로, 단기적인 수주 건수 감소보다는 PMF 달성을 우선으로 삼았다.

베이직은 대상 고객을 좁히고, 해당 고객에게 맞는 서비스 내용, 요금, 영업, 지원 체계 등을 재검토했다. 노력의 효과가 바로 나타나지는 않았지만, 포기하지 않고 개선을 거듭하자 조금씩 변화의 조짐이 보이기 시작했다.

> 한때는 고객 성공 팀 직원들이 고객 의견을 들으러 가는 일을 꺼리기도 했습니다. 의견을 들으러 가도 '사용하기 힘들다'거나 '해지하고 싶다'는 말만 들었던 겁니다. 이 자체가 위험한 상황을 알려주는 신호라고 생각이 들기도 했죠. 하지만 차츰 처음으로 계약을 따냈다거나, 잠재고객을 확보했다는 긍정적인 소리가 들리기 시작했습니다. NPS순 추천 고객 지수를 조사해보면 지인에게 추천하고 싶다는 고객이 늘어났고, 실제로도 기존 고객의 소개로 도입하거나 고객사 내부의 다른 부서에서 도입하는 사례가 발생했습니다. 고객이 만족하고 있다는 걸 느낄 수 있었죠.

정량적인 수치도 개선됐다. 한때는 연 70%였던 해지율이 큰 폭으로 떨어졌고, 현재는 해지가 1건도 없는 달이 있을 정도까지 줄었다. MRR도 월마다 다소 차이는 있지만, 전년 동월 대비 200% 가까운 성장세를 기록하고 있다.

초조하더라도 서두르지 마라

현재 '페럿 원'은 서비스를 확장하면서 PMF의 폭을 넓히는 일에 매진 중이다. 같은 B2B 기업이라도, 인원이 50명 이하인 조직과 300명 이상인 조직이 원하는 기능이 같을 수는 없다. '인터넷 마케팅의 대중화'라는 이념을 내건 만큼, 베이직은 '페럿 원'을 더 많은 기업이 사용하는 서비스로 발전시키기 위해 앞으로도 계속 시행착오를 거듭해나갈 생각이다.

> 제 경험에 비춰보면, PMF 달성을 목표로 노력할 때는 서두르지 않아야 합니다. 이 서비스가 없으면 안 된다는 열성적인 팬을 확보했거나, 자사의 서비스를 통해 고객이 줄곧 고민하던 문제를 해결했다는 사실을 확인할 수 없는 한, 급하게 액셀을 밟아도 소용이 없습니다. 물론 초조한 마음은 이해하지만, 그 마음을 잘 다스리지 못하면 결국 제자리걸음만 할 뿐이라는 사실을 저희가 몸소 경험했습니다.
>
> 급할수록 돌아가라고 하지 않습니까. (초기 검증은) 시간이 걸리더라도 제대로 해야 합니다. 고객의 의견을 들었다고 해도, 모든 사람이 솔직한 피드백을 준다는 보장은 없습니다. 따라서 자사의 서비스를 정말 돈을 내고 쓰고 싶은지, 다른 서비스로는 대체할 수 없는 가치가 있는지, 확실하게 검증하는 일이 무엇보다 중요합니다.

베이직의 PMF 달성 과정을 정리하면 다음과 같다.

> **베이직의 PMF 달성 과정**
>
> ✓ 스스로 느낀 문제에서 제품의 아이디어를 얻었다.
> ✓ 초기의 판매 확대는 순조로웠지만, 1년 뒤 엄청난 해지 요청이 쏟아졌다.
> ✓ 1년 단위 계약과 순조로운 초기 판매 확대의 영향으로 PMF를 검토하는 시기가 늦어졌다.
> ✓ 대상 고객을 좁히고, 서비스 내용, 요금, 영업, 지원 체계를 재정비했다.

(https://sairu.co.jp/method/6280)

해상도가 높은 영역에서 사업을 시작한 '사이루'

마지막으로 소개할 사례는 내가 경영하는 회사 사이루才流의 PMF 달성 스토리다. 사이루는 B2B 마케팅과 법인 영업 컨설팅 서비스를 제공하고 있다. 아직 개선해야 할 부분이 많은 서비스이기는 하지만, 우선은 지금까지 사이루를 경영하면서 PMF 달성에 관해 내가 깨달은 점을 간단히 정리해보았다.

PMF가 보이지 않았을 무렵

2016년 7월 사이루를 창업했다. 당시 기업과 프리랜서를 이어주는 매칭 사이트로 사업을 시작했지만, PMF를 찾지 못해서 법인 명의 계좌는 바닥을 드러내고 있었고, 서비스에 만족하는 고객도 없었을뿐더러, 조직 운영에도 문제가 많았다.

그런 상황에서 자문자답을 거듭한 결과, 매칭 사이트 운영은 인생을 걸고 도전하고 싶은 사업이 아니라는 결론에 도달했다. 결국 나는 창업한 지 1년 6개월이 지났을 무렵 매칭 사이트 사업을 매각했다. 그 후에 사업 아이템은 물론 인력도 실적도 전혀 없는 상태로 맨땅에서 시작한 사업이, 현재 사이루의 중심인 컨설팅이었다.

당연히 컨설팅 사업도 처음부터 순조롭게 PMF를 달성하지는 못했다. 초기에는 신규 사업 개발을 지원하거나, SEO나 UI 개선 컨설팅 같이 소소한 의뢰를 받아 수행하면서 시행착오를 겪었다. 그렇게 반년 가까이 사업의 돌파구를 찾지 못한 채로, 어떤 사업을 하면 좋을지 고민만 했다.

아이디어 착상의 계기

그러던 어느 날 서비스형 소프트웨어SaaS 비교 사이트 복실BOXIL의 보고서를 보게 됐다. 그즈음 일본에서는 SaaS가 한창 화제를 모으고 있었는데, 보고서에는 B2B SaaS 시장 규모가 2025년에는 1조 엔 이상으로 커질 거라는 예상이 담겨 있었다(https://prtimes.jp/main/html/rd/p/000000069.000012765.html).

생각보다 큰 규모에 놀라서 SaaS에 관해 알아보니, 해외 기업을 포함해서 성장 중인 SaaS 기업은 매출의 40% 이상을 영업과 마케팅(인건비와 광고비)에 투자한다는 데이터가 있었다. 이 데이터를 보고 자연스럽게 1조 엔 중 40%에 해당하는 4,000억 엔이 B2B 영업과 마케팅 분야로 흘러 들어갈 거라는 가설을 세우게 됐다.

나는 예전에 다니던 직장에서 B2B 기업의 인터넷 마케팅을 지원했던 적이 있고, 사이루를 설립한 이후에도 때때로 B2B 마케팅에 관한 상담을 해왔다.

하지만 그렇다고 해도 당시 일본에 B2B 마케팅을 지원하면서 수십억 엔 규모의 연 매출을 올리는 기업은 없었기 때문에, 시장 규모가 작을지도 모른다는 불안감을 지울 수 없었다. 그래서 정식으로 사업화하기까지 고민도 많았다.

B2C 마케팅 회사라면 덴츠電通, 하쿠호도博報堂, 사이버 에이전트 Cyber Agent 같이 연 매출이 수백억에서 수천억 엔에 달하는 회사들이 있었다. 해당 기업들은 전자상거래EC, Electronic Commerce, 화장품, 게임 같이 매출 대비 광고비 비율이 높은 업계의 고객을 확보한 덕분에, 거액의 매출을 올리고 있다([그림 9-1]).

업계·업종명	매출 대비 광고비 비율
통신 판매 및 서비스	15~20%
화장품	15~20%
화장품 및 건강식품	10%
외식 및 관련 서비스	5%
음료	5%
금융	1~5%
부동산	4%
교육	3%
유통	1~3%
자동차	1~2%

[그림 9-1] 업계·업종별 매출 대비 광고비 비율
(https://hansokunodaigaku.com/koukoku_post/1414)

나는 복실의 보고서를 읽으면서, B2C 사업 중 전자상거래, 화장품, 게임 등과 마찬가지로, B2B 사업 중에도 매출 대비 광고비 비율이 높은 업종이 있을지도 모른다고 생각했다. 그렇다면 B2B 마케팅을 지원하는 회사도 어느 정도 규모의 매출을 올릴 수 있을 터였다.

또한 B2B SaaS 마케팅을 지원하는 시장에 뛰어들면, 적어도 나를 포함한 몇 명쯤은 먹고 살 수 있는 사업이 될 테고, 니즈가 갑자기 사라질 일도 없을 거라고 생각했다. 그래서 나는 'B2B 마케팅 컨설팅'이라는 카테고리를 달고 시장에 뛰어들었다.

나는 예전부터 재현성이 높은 방법론을 연구하거나 체계화하는 일에 관심이 많았다(사실 이 책도 그런 이유로 집필했다). 따라서 컨설팅 사업이라면 내 관심 분야를 살릴 수 있겠다는 생각이 들었다. 이 또한 내가 이 사업에 뛰어든 이유 중 하나다.

그럼 이제부터 사이루가 '고객', '자사', '경쟁사'라는 3가지 관점에서 어떻게 서비스 내용을 구체화했는지 살펴보자.

고객의 관점

복실의 보고서를 통해 시장 규모는 충분하다고 느꼈지만, 그렇다고 거시적 관점의 트렌드 정보만으로 서비스 내용을 정할 수는 없었다. 따라서 우선 어떤 고객의 문제에 대응할지부터 생각해야 했다.

나는 2008년부터 B2B 마케팅 관련 업무를 하면서, 수백 명의 B2B 기업 경영자와 마케팅 담당자를 만나왔다. 그런데 그들은 내게 이런 말을 자주 했다.

- B2B 마케팅에 관해 잘 아는 사람이 없다.
- 마케팅 수단에 관해 상담할 회사는 있지만, 전략을 논의할 만한 회사는 없다.
- 특정 마케팅 수단에 뛰어난 회사는 있지만, 폭넓은 상담을 할 수 있는 회사는 없다.

- 지원하는 회사가 먼저 제안하는 경우는 없고, 단순히 요청한 일만 처리해준다.

이런 이야기를 통해, 'B2B 마케팅 전략부터 구체적인 수단에 관한 노하우까지 포괄적으로 제공하는 동시에, 어떤 활동을 해야 하는지 적극적으로 제안하는 회사'를 만들면 니즈가 존재할 거라는 확신이 생겼다.

무엇보다 예전 직장에서 자사 사업의 B2B 마케팅을 담당할 때, 나 역시 다음과 같은 기본적인 사항에 관해 조언을 구할 회사가 없다고 느꼈다.

- 누구에게
- 어떤 메시지를 보내야 하고
- 어떤 방법에
- 어느 정도의 예산을 투입해야 하는지
- 또한 그 일을 어떤 체계 안에서 해야 하는지

따라서 'B2B 마케팅 전략부터 구체적인 수단에 관한 노하우까지 포괄적으로 제공하는 동시에, 어떤 활동을 해야 하는지 적극적으로 제안하는 회사'를 만들면, 과거의 나와 똑같은 고민을 하는 사람들을 도울 수 있겠다는 생각이 들었다.

자사의 관점

그다음은 내가 이러한 가치를 정말로 제공할 수 있는지, 경제성(규모와 수익성) 있는 사업으로 키울 수 있는지를 검토했다.

우선 내가 제공할 수 있는 가치인지를 검토했다. 예전 직장에서 6~7년 동안 B2B 마케팅을 담당했고, 업계에서는 꽤 알려진 온드 미디어Owned Media, 자사에서 운영하는 미디어 채널를 운영하고 있으며, 행사 강연이나 잡지 기고도 하고 있다는 점에서, 지식과 기술은 어느 정도 갖췄다고 판단했다.

또한 경제성도 검토했다. 예전 직장에서 담당했던 B2B 기업의 인터넷 마케팅 지원 사업 중에서, 가장 고객 만족도가 높았고 가장 성과가 좋았으며 매출총이익도 높았던 안건이, 내가 담당했던 컨설팅 서비스였다.

당시의 컨설팅 서비스 비용을 시급으로 환산하면 10만 엔 정도였다. 그리고 어느 블로그에서 일본에서 가장 비싼 컨설팅 비용이 시간당 15~20만 엔이라는 글을 읽은 기억이 있었다. 비교해보면 비슷한 수준이니, 분명 돈벌이가 된다고 판단했다.

다만 내가 제공할 수 있는 서비스이고 경제성이 아무리 좋다고 해도, 스스로 흥미를 느끼며 지속할 수 없으면 결국 일회성 사업이 되고 만다. 이런 점에서도 사이루의 비전인 '방법론 회사Method Company'와 컨설팅 서비스는 찰떡궁합이었고, B2B 마케팅 이외의 영역으로도 시장을 확장하면, 평생 흥미롭게 사업을 이어갈 수 있겠다는 생각이 들었다.

경쟁사의 관점

마지막으로는 후발 주자로 시장에 진출해서 점유율을 확보할 수 있을지를 검토했다. 예전 직장에서 근무할 때, 가끔 경쟁사인 광고 대행사, 웹사이트 제작 회사, 디지털 마케팅 지원 회사의 경영진이나 임원들과 이야기를 나눌 기회가 있었다. 당시 그들이 하나같이 입을 모아 사내에 전략을 짤 수 있는 사람이 없거나, 있어도 고작 몇 명뿐이라고 토로했던 일이 떠올랐다.

그 기억이 자연스럽게 '전략을 세울 수 있는 사람을 많이 모으면 경쟁 우위를 확보할 수 있겠다'는 생각으로 이어졌다. 경제학에서는 차이가 이윤을 만든다고 한다. 나는 전략을 세우는 사람이 많으면, 그 자체가 이윤(이익, 돈벌이)을 만들 '차이'가 된다고 판단했다.

고객, 자사, 경쟁사의 관점에서 꼼꼼히 검토한 결과, 후발 주자로 시장에 진출해도 살아남을 수 있겠다는 판단이 섰다. 이렇게 해서 나는 '도넛의 구멍을 메워준다'라는 콘셉트를 내걸고, B2B 마케팅 관련 컨설팅 서비스를 시작했다([그림 9-2]).

마케팅 업계의 도넛화 현상

서비스와 툴이 다양화, 세분화, 고도화되고 있지만,
가장 기본인 '마케팅 전략과 수단'을 제대로 찾지 못하는 기업이 많다

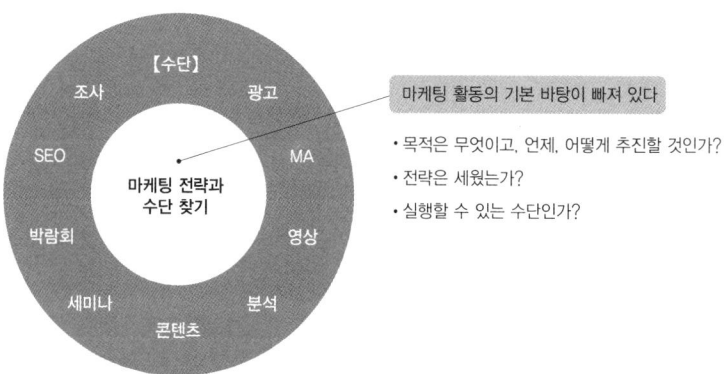

[그림 9-2] 마케팅 업계에 도넛화 현상이 발생하면서 기본 바탕이 부실해졌다.

서비스 출시에서 PMF 달성까지의 과정

서비스 출시 후 사이루의 PMF 달성을 이끌었던 구체적인 전략들을 꼽아보자.

첫째는 컨설팅 프로세스의 체계화다. 컨설팅처럼 큰 비용이 들지만 실제 눈에 보이지는 않는 상품을 구매하는 고객은 '도대체 뭘 해주는 건지 모르겠다'라는 생각에 불안하기 마련이다. 사이루는 고객의 불안을 덜어주기 위해, 제공하는 서비스의 내용을 한눈에 볼 수 있도록 컨설팅 프로세스를 체계화하고, 영업 미팅을 진행할 때 납품할 자료의 양식을 보여주면서 고객에게 설명했다. 그러자 수주율이 올라가기 시작했다.

둘째는 서적 출판이다. 첫 번째 전략과 마찬가지로, 서적 출판도 고객이 큰 비용이 들지만 실제 눈에 보이지 않는 상품에 대해 느끼는 '도대체 뭘 해주는 건지 모르겠다'라는 불안을 해소하는 데 도움이 된다. 실제로 다음에 소개하는 2권의 책을 통해서 사이루에 관해 알리자, 문의가 늘었을 뿐만 아니라 수주율도 올라갔다.

- 《사례로 배우는 B2B 마케팅 전략과 실천事例で学ぶBtoBマーケティングの戦略と実践》(구리하라 고타)
- 《1년차 마케터를 위한 교과서マーケター1年目の教科書》(구리하라 고타, 구로사와 도모키)

셋째는 2020년에 시작됐던 코로나19 확산에 대한 대응이다. 당시 오프라인 채널을 사용할 수 없다 보니, 전화로 미팅 약속을 잡기가 어려워졌다. 박람회도 중지되고, 세미나를 개최해도 사람이 모이지 않았다. 필연적으로 온라인으로 영업과 마케팅을 할 수 있는 채널을 개척하는 일이 B2B 기업의 중요 과제가 되었다.

거의 모든 기업이 온라인 영업과 디지털 마케팅, 그리고 영업과 마케팅의 DX에 뛰어들었고, 덩달아 B2B 마케팅 상담 요청도 증가하기 시작했다. 사회 환경이 변하면서 시장의 문제와 니즈가 확대된 것이다.

이와 같은 환경의 변화로 사이루의 서비스는 'Nice to have 있으면 좋은 것'에서 'Must have 반드시 있어야 하는 것'가 되었고, 이를 계기로 '온라인 영업'이나 '디지털 전환'을 주제로 한 다양한 콘텐츠를 배포했다. 또한 계속해서 웨비나, 이벤트, 콘퍼런스를 개최했고, 이러한 노력에 힘입어 온라인 영업과 디지털 마케팅에 관심이 있는 기업들로부터 문의가 이어졌다.

PMF 달성 과정에서 배운 것

지금 와서 생각해보면 사이루는 비교적 엉성한 가설로 사업을 시작했지만, 다음과 같은 요인들이 긍정적인 요소로 작용했다.

- 대표가 10년 가까이 몸담았던 업계였기 때문에, 고객과 업계에 대한 해상도가 높아서 가설이 크게 어긋나지 않았다.
- 성장 중인 시장이었기 때문에, 서비스를 개선할 기회가 많았다.
- 인력을 쉽게 확보할 수 있었기 때문에, 서비스를 빨리 개선할 수 있었다.

만약 지금 다시 한번 창업을 한다면, 잠재고객과 기존 고객을 대상으로 인터뷰를 진행해서 더 빨리 고객 의견을 들을 것이다. 지금은 다양한 방법으로 고객 의견을 모을 수 있는 체계가 갖춰져 있으니, 활용하지 않을 이유가 없다. 앞에서도 말했듯이 당시 사이루의 전략은 대부분 내 머릿속에서 세운 가설이었고, 그 가설들을 제대로 검증하지 않았다는 점은 반성해야 할 부분이다.

그 뒤로 B2B 마케팅 외에도 다양한 컨설팅 메뉴를 개발했지만, 요즘은 앞서 말한 부분을 반성하며 컨설팅 메뉴 개발 프로세스를 체계화하고 충분한 조사와 검증을 거친 후에 출시하고 있다.

사이루의 PMF 달성 과정을 정리하면 다음과 같다.

사이루의 PMF 달성 과정

- ✓ 조사 보고서를 통해 시장의 성장을 예감했다.
- ✓ 과거에 당사자로서 느꼈던 문제에서 서비스 아이디어를 떠올렸다.
- ✓ 서비스 제공 프로세스를 정형화하자, PMF 달성을 실감할 수 있었다.
- ✓ 의뢰 전에 고객이 느끼는 불안을 덜어주는 콘텐츠의 내실을 다져 수주율을 올렸다.

PMF 프레임워크

초판 1쇄 발행 | 2024년 6월 7일

지은이 | 구리하라 고타
옮긴이 | 이은혜
감 수 | 김형택
펴낸이 | 이은성
편 집 | 구윤희
교 정 | 홍원기
디자인 | 백지선
펴낸곳 | e비즈북스

주 소 | 서울시 종로구 창덕궁길 29-38, 4-5층
전 화 | (02) 883-9774
팩 스 | (02) 883-3496
이메일 | ebizbooks@naver.com
등록번호 | 제2021-000133호

ISBN 979-11-5783-340-5 03320

e비즈북스는 푸른커뮤니케이션의 출판 브랜드입니다.